金融发展与技术创新

Financial Development and Technological Innovation

苏　牧◎著

经济管理出版社

ECONOMY & MANAGEMENT PUBLISHING HOUSE

图书在版编目（CIP）数据

金融发展与技术创新/苏牧著 . —北京：经济管理出版社，2022.8
ISBN 978-7-5096-8648-5

Ⅰ.①金…　Ⅱ.①苏…　Ⅲ.①金融业—经济发展—影响—技术革新—研究—中国
Ⅳ.①F124.3

中国版本图书馆 CIP 数据核字（2022）第 138790 号

组稿编辑：赵亚荣
责任编辑：赵亚荣
助理编辑：王虹茜
责任印制：许　艳
责任校对：蔡晓臻

出版发行：经济管理出版社
　　　　　（北京市海淀区北蜂窝 8 号中雅大厦 A 座 11 层　100038）
网　　址：www.E-mp.com.cn
电　　话：（010）51915602
印　　刷：唐山昊达印刷有限公司
经　　销：新华书店
开　　本：720mm×1000mm/16
印　　张：12.5
字　　数：177 千字
版　　次：2022 年 8 月第 1 版　　2022 年 8 月第 1 次印刷
书　　号：ISBN 978-7-5096-8648-5
定　　价：68.00 元

前　言

　　技术创新是经济发展的不竭动力与重要源泉，而金融作为现代经济的核心，对技术创新也有不可忽视的影响，两者的结合可以加速科技成果的形成，并提升其转化为现实生产力的速度与质量。随着社会经济水平的不断提高，金融发展对技术创新发挥着日益重要的作用。有效的金融体系可以为技术创新缓解融资约束、降低信息不对称、提高投资效率，特别是在当前资源稀缺的情况下，我国要加快转变经济发展方式并实现经济可持续发展，必须借助金融发展与技术创新。为更好地发挥金融发展对技术创新的支持作用，本书在金融发展理论和技术创新理论的框架下，对金融发展促进技术创新的影响机制及现实效果进行了尝试性研究。

　　在对金融发展和技术创新概念进行界定之后，本书对金融发展理论和技术创新理论进行了梳理和回顾，其中，前者是按照金融发展理论历史进程的时间顺序进行研究，后者则是以熊彼特创新理论为核心展开研究。在此基础上，本书从信息处理、风险分散、资源配置、公司治理四个角度对金融发展影响技术创新的作用机制进行了系统分析。由于商业银行和资本市场代表着两种截然不同的金融安排，因此其对技术创新的作用机制也有显著区别。本书认为，商业银行实行的是"单元审查"式信息处理模式，更侧重于风险的跨期分散，其对投资企业的监督也往往是通过"事前审查"完成的；而资本市场则通过

"多元审查"降低信息不对称，实现风险的横向分担，投资者与投资对象的接触也更加紧密。因此，需要更加灵活地选择不同的金融安排。

结合我国金融发展和技术创新的发展历程和现状，第三章描述了金融发展促进技术创新的特征化事实。总体来看，金融发展和技术创新与我国经济发展轨迹基本保持一致，都经历了一个由慢变快又逐渐趋缓的过程。结合当前现实，深入分析金融发展对技术创新的影响显得尤为关键和迫切，由此展开了下文的实证研究。

第四章至第六章通过跨国层面、地区层面、企业层面三个维度的实证检验，证实金融发展整体上的确可以促进技术创新，同时也可以得出以下结论：第一，跨国层面的异质性检验结果表明这种促进作用在经济合作与发展组织（OECD）成员国、低收入国家及1990年后样本国家表现得更加显著；第二，地区层面的实证研究表明中国地区技术创新存在正空间相关性，中国城市间技术创新呈现出在东南沿海地区高—高集聚、在西北和西南地区低—低集聚的空间特征，空间计量模型的回归结果表明金融发展的空间溢出效应对各地区技术创新有空间影响且直接效应比间接效应更加显著；第三，企业层面的实证研究在重点考察银行市场和股票市场的基础上得出两者均能够有效提高企业技术创新投入和产出的结论，其中银行市场对非国有企业的技术创新投入有显著促进作用，也可以大幅度增加高技术企业的创新投入，而股票市场则对非高技术产业的技术创新投入有显著促进作用。

第七章基于理论研究、现实描述和实证检验，从政府主体、商业银行、资本市场等方面提出若干促进我国金融体系支持技术创新的政策建议：政府需要促进技术市场市场化运作，搭建技术信息网络平台并完善区域性技术市场，减少对企业特别是国有企业的行政干预，同时充分发挥政策引导和行为示范对企业的带动作用；要建立健全不同层次的商业银行体系，大力创新金融机构和金融产品，进一步推动商业银行与风险资本的合作交流；完善多层次的资本市场，加快发展风险资本市场。

目　录

第一章　绪论

第一节　研究背景和意义

一、研究背景

创新是引领发展的第一动力，金融是国家重要的核心竞争力，技术创新和金融发展的交互演进正在颠覆传统的生产方式、价值观念和竞争格局。同时，随着技术创新周期的缩短，人类现代化进程已呈现逐步加速推进的态势，科技和金融的融合发展成为促进经济社会平衡、稳定、安全和可持续发展的重要手段。党的十八大以来，以习近平同志为核心的党中央高度重视科技创新，深入实施创新驱动发展战略，开启建设世界科技强国的新征程。当前，中国特色社会主义进入新时代，我国的科技创新实力和水平也比历史上任何时期都更加接近世界科技前沿，中国也开始登上全球创新的舞台并逐渐走向中心。面对新时代新态势新要求，我们既需要通过金融发展形成我国科技创新比较优势，也需要依托技术创新促进金融改革以实现"脱虚向实"、防范金融风险等重大任务。在科技创新已经成为经济增长的核心动力的大背景下，本书试图研究金融发展对技术创新的影响，进而就如何更好地促进技术创新，对金融体系提出具有针对性的建议，从而达到更好地促进经济发展的目的。

（一）创新成为驱动发展新引擎

创新是一个民族进步的灵魂，是一个国家兴旺发达的不竭动力，也是中华民族最厚重的民族禀赋。历史经验表明，创新始终是推动一个国家、一个民族向前发展的重要力量，也是推动整个人类社会向前发展的重要力量。一方面，创新的范围十分广阔，包括理论创新、体制创新、制度创新、人才创新等；另一方面，科技创新发挥着十分关键的作用。我国是一个发展中大国，过去可以依靠充足的新生劳动力和农业富余劳动力并通过引进现有技术迅速转化为生产力，然而这一优势正随着人口老龄化的加剧而逐渐消失，要素的规模驱动力逐渐减弱。面对不断提高的要素质量要求，经济增长将更加注重人力资本和技术水平，因此创新成为驱动发展新引擎刻不容缓。特别是自 2008 年国际金融危机爆发至今，由于经济增长的新旧动能转换机制迟迟未能实现交接，世界经济仍处于后危机时期的全面深度调整阶段。近年来，全球主要发达国家把金融作为提升国家经济实力和竞争力的战略利器，竞相出台相关政策，进一步释放金融资本活力，力图在新一轮国际科技创新竞争中抢占主导权。在这样严峻的形势下，我国经济发展必须依靠技术创新实现经济发展方式的转变。

（二）技术水平仍然存在较大差距

改革开放以来，我国通过大量引进国外先进技术并在此基础上进行模仿和改进，短时间内取得较大发展。但由于自主创新水平较低，与先进国家相比仍然存在很大差距，突出表现为创新能力不强，科技发展水平总体不高，科技对经济社会发展的支撑能力不足，逐渐演变为我国经济的"阿喀琉斯之踵"，亟待加强和改进。原因主要包括以下两个方面：一是我国科技投入水平还较低，例如，2021 年我国研究与试验发展（R&D）经费支出与 GDP 之比为 2.44%，而美国和日本早在 2019 年就分别达到了 3.07% 和 3.20%；二是虽然我国有一大批重大创新成果得以应用，但总体上科技成果转化率仍不高，仅为10%左右，远低于发达国家的40%，往往是论文发表完，科技成果就"束之高阁"，成为"陈果"。由此可以看出，当前我国技术创新的外部环境还不够完善，而金融手段作为提供资金支持的主要来源也不能很好地缓解技术创新所面临的资金困境，既不利于创新活动的开展与推广，也不利于创新成果的应用与转化。

（三）金融制约技术创新实现

当前，金融发展与技术创新在经济运行中发挥着重要作用，两者之间的良性互动是国民经济发展的前提和基础，而完善的金融体系则是实现技术创新的保障之一。2008年全球金融危机以来，在经历了漫长而艰辛的复苏历程之后，我国金融体系有所恢复、金融市场稳步发展。截至2021年末，我国社会融资规模增量为31.4万亿元，社会融资规模存量为314.1万亿元，其中对实体经济发放的人民币贷款余额为191.5万亿元。2021年末，金融机构本外币各项存款余额为238.6万亿元，其中人民币各项存款余额为232.3万亿元；全部金融机构本外币各项贷款余额为198.5万亿元，其中人民币各项贷款余额为192.7万亿元。可以看出，我国金融市场整体发展稳中有进，然而长期以来，我国金融部门在相当程度上被当作执行国家政策的工具，会倾向于国有企业或者国家计划扶持的产业和企业，以加速推动改革，对虚拟经济与实体经济之间的转化有所忽略，特别是没有将金融资源有效地转化为创新资源，进而转化为创新成果。这种金融发展与技术创新之间的脱节造成了我国渠道少、效率低、风险大的科技创新投入现状，潜在的创新主体往往会由于这些限制而放弃或搁置创新计划，也会有一些特色项目由于缺乏资金而得不到有效开发，这些都说明了金融功能在支持技术创新方面的缺失，不能很好地服务于技术创新。

二、研究意义

本书的研究具有一定的理论意义与现实意义，具体体现在以下方面：

本书的理论意义在于：第一，国内外关于金融发展与技术创新的理论分析和实证研究往往集中在金融发展的结构观上，也就是将金融发展分为商业银行和资本市场并分别探讨其对技术创新的影响，并没有一套完整的研究框架和理论体系。本书在对现有文献分析整理的基础上，侧重从功能视角出发，深入探讨金融发展对技术创新的作用机制，并通过实证检验分析其在跨国、地区、企业等不同层面的影响结果和作用效率，进一步丰富了金融发展功能观的相关理论和现实证据。第二，现有实证研究中，关于金融发展对技术创新产出的研究较多，忽略了金融发展对技术创新投入的影响。本书则将技术创新分为投入端和产出端进行考察和对比，并尝试剖析两者产生区别的原因，弥补了这一缺陷。第三，目前关于金融发展对技术创新的研究还是偏向理论分析，实证研究相对缺乏，本书选取面板数据对各层面的样本进行回归检验，特别是在地区层面，本书首次运用地级市数据，更加详尽地描述了技术创新的空间聚集效应及区域差异。

本书的现实意义在于：自主创新是我国攀登世界科技高峰的必由之路，而建设科技强国目标的提出更是为我国科技事业指明了新的发展方向。然而，中国金融体系虽然规模庞大，但长期以来存在运行效率低下、资源配置不合理等问题，特别是在促进基础创新方面。因此本书立足于中国实践，从金融功能的视角分析两者之间的作用机制，有助于解决长期以来我国金融发展与技术创新之间存在的深层次问题，有利于促进金融事业与科技事业的共同发展，可以为政府决策提供有价值的理论参考和实践依据。

第二节　文献综述

关于金融发展和技术创新的研究最早可以追溯到美籍奥地利政治经济学家熊彼特（Schumpeter），他在代表作《经济发展理论》中提出，创新能够推动经济突破惯行轨道，在更高水平上运行，从而实现由"经济增长"向"经济发展"的转变，金融中介及其提供的金融服务将在这个过程中发挥重要作用。Robinson J.（1952）则认为，经济增长是"因"，金融发展是"果"，对于技术创新的作用并不显著。无论结论如何，关于金融发展对技术创新的影响研究并没有停滞不前。正如其他事物一样，金融发展的相关研究也经历了一个由浅入深、由表及里的漫长过程。最初人们只是注意到存在着货币、债券、银行、证券公司等实体对象（这些对象现在被称为金融工具和金融机构），由于这些事物本身的存在和发展与人类社会息息相关，学者们开始研究这些事物本身和对彼此的作用机制。这个研究过程需要从金融机构视角进行切入，由此形成了"金融发展结构观"。20世纪末，金融创新突飞猛进，具体表现为金融混业快速发展、金融机构与日俱增、金融工具层出不穷，学者们逐渐认识到从主体进行的研究难以满足学术及现实的需求，于是转向深层次的功能研究，由此"金融发展功能观"得以形成。因此，考虑到研究的历史进程和难易程度，下文对于金融发展与技术创新理论研究的相关文献的综述也从这两方面进行说明。

一、金融发展结构与技术创新

根据 Goldsmith（1969）提出的金融结构理论（Financial Structure Theory），金融结构是一国现存金融机构和金融工具的总和，而金融发展的本质则是金融结构的不断变化。张杰和刘志彪（2007）认为，金融制度的两种典型安排——商业银行和资本市场对于技术创新的作用明显不同，因此下文主要介绍商业银行和资本市场对技术创新的影响。

（一）商业银行对技术创新的影响

关于商业银行对技术创新的影响，目前存在两种完全相反的结论：一种观点认为，商业银行对技术创新有促进作用，这种观点比较易于理解。Bagehot（1873）较早地认识到了银行对于技术创新的促进作用。从企业的角度来看，银行提供的贷款支持是很多企业的主要融资渠道，尤其是在市场机制尚不完善、金融系统尚不健全的情况下，商业银行对促进技术创新发挥了主导作用。出于对贷款资金安全性的考虑，银行会对企业的经营进行监督，以便随时评估其还款能力，降低债务风险（黄国平、孔欣欣，2009）。从银行的角度来看，银行可以凭借对客户需求的了解和自身资金规模，适当提供不同种类的金融服务以支持企业的技术创新（Gerschenkron，1962）。如果银行市场存在一定程度的竞争，那么技术创新企业的财务压力就会有所降低（Dewatripont and Maskin，1995；易信、刘凤良，2018），而即使存在垄断现象，该银行也可以通过调节贷款规模、贷款利率、贷款条件等实现信贷市场的均衡，方便企业进行技术创新（Rajan and Zingales，1998；Cetorelli and Gambera，2001）。总而言之，商业银行作为以吸收存款、发放贷款为主要业务的金融机构，资金规模十分庞大，产生的规模效应会使边际成本递减，这一点是保险公司、信托公司等其他金融机构难以比拟的（殷剑峰，2006）。

另一种观点则认为，商业银行的存在不仅不利于企业技术创新，还会造成一定的阻碍。Hellwig（1991）、Boot 和 Thakor（1997）指出，在信贷市场中，商业银行的谈判地位明显高于企业，后者除了按照约定支付贷款利息外，也有可能被要求分配技术创新收益，这会大大降低企业研发创新的积极性。钱雪松（2008）则从企业的角度对此进行解释，他认为技术创新是一个难度高、周期长、投入大、风险高的事情，而银行对信贷资金的过度监管或参与企业运营都不利于调动企业的创新热情。此外，Weinstein 和 Yafeh（1998）、Morck 和 Nakamura（1999）、Boot 和 Thakor（2000）先后提出由于委托代理问题的存在，商业银行（特别是国有商业银行）在贷款决策时会保守而谨慎，即倾向于为国有企业、大型成熟企业或者是拥有可观抵押担保的企业提供贷款，这显然并不利于企业的技术创新。

除了以上两种截然不同的观点外，部分学者也从其他角度对这个问题进行了研究。Carlin 和 Mayer（2003）认为，银行对技术创新的作用与其所处的经济发展阶段有关，大致呈现出倒"U"形关系，当经济发展程度不高时，商业银行的融通资金功能对企业创新有促进作用，当经济发展到一定程度后这种促进作用会逐渐降低甚至变成一种阻碍。Bircan 和 De Haas（2015）认为，在发生金融危机时资本密集型企业技术创新的动力和成效都会受到明显影响，而技术密集型企业则不太受银行金融危机的影响。Nanda 和 Nicholas（2014）则指出，虽然商业银行对技术创新有正向作用，但对于突破高端前沿技术作用有限。Sheng 和 Zhao（2012）认为，两者关系与经济所有制有关，在银行私有化程度较高的国家，银行发展的程度会大大促进企业技术创新，而在银行国有化程度较高的国家，银行发展则会降低企业创新能力。

（二）资本市场对技术创新的影响

与商业银行相比，资本市场的信息更加公开透明，市场竞争更加激烈（Stiglitz，1985），承受风险的能力更高，弥补了商业银行的部分不足（Allen，1993）。尤其是在市场化程度较高、竞争较完全的资本市场中，投资者不仅可以利用多元化的融资工具分散风险，还可以根据自身的风险承受能力通过多层次的融资体系涉足风险收益均高于平均水平的新兴产业，从而提高投资效率，增加投资收益，提升创新动力（Macey and Miller，1997；Allen and Gale，2002）。Fang 等（2014）认为，虽然资本市场上的交易价格可以在一定程度上反映出企业情况，但是信息不对称和逆向选择问题依然存在，企业所有者和经营者仍然可能损害投资者利益，因此资本市场更适合具有较高不确定性的技术创新。以股票市场为例，Jerzmanowski 和 Nabar（2008）认为，股票价格会通过影响创新投资间接影响技术创新，Datta 和 Dixon（2002）则指出，该影响程度随着整体技术进步水平先升后降。也有学者从银行市场与股票市场比较的角度对这一问题进行了说明，认为股票市场在新技术崭露头角时具有明显优势，而在该技术成熟稳定时银行融资则更为有效。Levine 和 Michalopoulos（2009）在熊彼特的内生增长模型中加入金融投资者作为一个创新主体，以此显示投资者对于技术创新企业的甄别作用。Brown 和 Martinsson 等（2016）认为，股票市场在支持技术密集型产业技术创新时会有比较优势，而银行则更加适合支持资本密集型产业创新。Hsu 和 Tian 等（2014）利用 32 个发达国家和新兴国家的数据所进行的实证研究表明，股票市场会促进科技密集程度较高的企业的技术创新，而银行市场则有所阻碍。

作为技术创新的重要组成部分，中小科技型企业的融资情况却不甚乐观。商业银行出于风险谨慎的态度拒绝向其提供贷款，而股票市场也因其规模限制而将其拒之门外，在这种情况下，风险投资就显得极为关键。特别是为风险极高的初创期企业提供第一笔资金的天使投资，可以有效地推动小微企业的前期发展（Chen，2002）。中小企业技术创新的资金支持主要来源于市场投资（Scott et al.，2017），而风险投资刚好可以为处于该阶段的企业提供融资便利（Himmerlfarb and Petersen，1994）。在投资形式上，Bertoni、Colombo 和 Grilli（2013）认为，相比公司创业投资，独立的风险投资对企业技术创新的激励作用更强。此外，风险投资还解决了企业缺乏平台的问题。Willfort 和 Weber（2016）认为，许多企业技术创新面临的挑战不仅仅是资金短缺，还包括产品前景不明朗、企业管理者缺乏实际经验、盲目寻找创新人才等，针对这些问题，风险投资为其提供了解决问题的平台，以帮助其明确产品优势、获得管理经验、发掘专业人才（Timmons and Bygrave，1986；Keuschnigg，2004）。李松涛、董樑和余筱箭（2002）基于我国目前以银行为主导的金融体系，通过研究金融结构和技术创新的互动机制，认为我国应重点发展风险投资。而丁涛、胡汉辉（2009）则认为，由于我国企业类型众多，发展阶段不同，依靠单一的风险投资解决创新企业融资问题是不现实的，也是不合理的，需要结合各种融资渠道发挥综合效果。

二、金融发展功能与技术创新

20 世纪 80 年代以来，学者们开始从功能视角解释不同金融安排对企业技术创新的作用的差异。Merton 和 Bodie（1995）认为，由于金融功能比金融结构更加稳定，因此应该随着金融功能的不同来调整金融体系的结构。Allen 和 Gale（2000）指出，金融体系复杂而多变，具体的金融安排对技术创新的影响及其程度要取决于企业的自身特点、行为方式、创新目标，甚至是企业所处市场中其他参与者的情况。Levine（1997）认为，金融发展对技术创新的所有影响因素中，降低交易成本和改善信息不对称的作用是最重要的，结构差异的作用排在其后。技术创新的困难主要集中在资金短缺、风险较高、信息不对称、道德风险和逆向选择上，因此对于金融发展功能观的讨论也主要从融通创新资本、分散投资风险、提供信息处理、提升公司治理等方面进行。

（一）融通创新资本

一方面，技术创新是一个漫长而艰辛的过程，需要投入大量的金融资本和人力资本，而且人力资本的集聚也需要金融资本的引导，因此创新企业对于资本的需求量巨大；另一方面，技术创新既要面对研发失败导致的研发风险，又要面对产品更新换代带来的市场风险，甚至还要做好由于竞争者模仿使创新收益大大减少的准备，因此投资者投资意愿不够强烈，创新资本的供给不充足。在这种情况下，企业需要对技术创新投入和日常生产运营资金做出权衡以避免陷入资金困境（Diamond and Dybvig，1983）。缺乏资金保障的企业会倾向于回报周期短的技术创新项目，相应地，创新收益也较少。随着金融发展程度的不断提高，企业获得资金的难度有所下降，其进行技术创新的主动性也随之提升（Aghion，Howitt and Mayer-Foulkes，2005）。很多学者也从机构监管的角度考虑了这个问题。Winton 和 Yerramilli（2008）认为，投资机构（特别是风险投资机构）在投资某企业后，会对企业进行监督甚至是一定的控制，并试图最大化地规避风险，为企业选择更为稳妥的发展路径。在这种情况下，企业的技术创新会受到阻碍，对整体经济发展也并无助益。Ayyagari、Demirguc-Kunt 和 Maksimovic（2011）认为，相比内源融资，外源融资在促进企业技术创新方面的作用更加显著，并且如果投资方降低投资标准，就可以缩短管理链条，节约监管成本，减少委托代理问题，从而提高企业技术创新效率。

（二）分散投资风险

技术创新的不确定性较高，因此不论是企业还是投资者都会面临风险。完善的金融市场可以帮助投资者根据其实际能力和预期目标选择创新项目，从而达到分散、降低、转移投资风险的目的。King 和 Levine（1993）就分散风险功能对西方发达国家的银行和资本市场进行了对比，他们认为在市场环境相对完善的资本市场中，技术创新企业倾向于通过发行证券获得融资，这不仅解决了自身资金短缺的问题，同时也将风险分散给了各个证券持有者。而银行的贷款方式较为集中，风险难以分散，为了将风险控制在可控范围，银行必须对创新项目进行准确评估，该评估过程所产生的成本最终会转嫁给贷款企业，进而增加了企业的财务压力。Berger 和 Udell（2002）则明确指出，由于银行组织层级多、管理缺乏弹性，信息传递的速度和准确度都相对较弱，会衍生出众多委托代理相关的问题，因此会直接放弃高风险的创新项目，转而投资一些周期长、风险可控、预期收益可观的企业以实现稳健经营。Orman 和 Cuneyt（2015）认为，资本市场能够通过分散风险将创新研发与常规生产进行分离，推动创新专业化，并且这种作用对于资本密集度较低、与现有生产活动协同效应较弱的创新活动更为显著。

（三）提供信息处理

Boyd 和 Prescott（1985）认为，金融中介的参与使金融安排更为有效，具体表现为帮助借贷双方获取非公开信息并降低信息成本。进一步地，Greenwood 和 Jovanovic（1990）假设了一个将金融发展程度设置为内生因素的范式，由此证明了金融机构在经济增长中的作用类似于信息枢纽，即金融机构通过收集整理投资收益的信息并将其传达至客户，来引导社会资金流向回报率最高的技术创新项目。除了信息传递外，金融中介自身还具有信息生产的功能，能够按照一定标准判断技术创新企业的发展和前景并为其提供资金支持，提高技术创新的效率。如果此过程发生在一个强有效的金融市场，那么相关的价格信号会引导其他资源（包括但不限于金融资源）投向该项目（Boyd and Prescott，

1985；孙伍琴、朱顺林，2008）。Allen 和 Gale（2002）指出，银行和资本市场的决策机制有很大差异。银行的投资决策往往是由信贷审批团队做出的，考虑到技术创新的特性和风险点难以预料，审批团队可能难以形成统一的结论，信息处理效率较低，适合相对成熟的技术创新项目。而资本市场中的众多潜在投资者是根据自身获得的信息独立进行甄别、判断、处理并做出决策，更适合灵活机动的前期项目。

（四）提升公司治理

青木昌彦（1998）指出，当股权作为等价交换的对象被让渡出去后，公司的所有权与经营权会产生分离，这会严重影响到企业的治理方式。股东为保证自身投资安全、争取最大收益会对经营者进行监督或者干预，这种监督可按照项目阶段分为事前监督、事中监督、事后监督。事前监督是通过风险评估对投资项目有所认识，尽量减少损失；事中监督的主要目的是避免道德风险；事后监督是一种复盘，主要表现为奖励或者惩罚。优先股及股票期权等形式可以在特定阶段为企业在保留股份的同时补充资金，是对公司治理结构的有效补充。而风险投资者通过 IPO 退出企业，放弃企业的所有权，对于重新掌握控制权的企业而言是一种巨大的激励，即使需要分配部分投资收益，但总体而言这种形式依旧是有益处的（Black and Gilson，1999）。金融安排通过对技术创新企业投入债券或者股权等资本支持，为其技术创新形成的收益提供分配工具，完善企业的治理机制（孙伍琴、朱顺林，2008）。

三、金融发展与技术创新的实证研究

（一）宏观层面的实证研究

学者们一般选择跨国数据进行宏观层面的实证研究，研究内容通常是比较不同国家（发达国家、发展中国家等）金融发展对技术创新的促进效率，或者就某一国家的金融发展现状对技术创新的影响程度做出检验，以便为金融发展水平相近的其他国家提供参考。

在比较发达国家和发展中国家的金融促进技术创新的效率方面，学者们形成了较为统一的结论，即发达国家中的资本市场对技术创新的贡献更大，而发展中国家的银行体系在促进技术创新方面发挥主要作用。Rajan 和 Zingales（1998）以 20 世纪 80 年代的大量国家为样本进行检验，发现金融进步的确推动了技术创新，尤其是在产业集中度比较高的发展中国家，金融进一步降低了整体融资成本，从而有利于技术创新。在此基础上，Beck 和 Levine（2002）将法律因素纳入研究范围，并证明只有金融和法律有机结合、共同发展，才能有效促进技术创新。Binh、Park 和 Shin（2005）将 26 个产业按照技术标准进行分类，检验了 OECD 国家的产业数据，研究表明科技密集型的产业在灵活度高的金融市场中更具优势。Demirguc-Kunt 和 Levine（2008）通过比较不同国家的金融发展水平和企业新增情况，发现两者之间存在正相关关系。Arizala、Cavallo 和 Galindo（2013）使用固定效应模型检验了 77 个国家 26 个行业 40 年的面板数据，发现在以外部融资为主的行业中，全要素生产率随着信贷市场的不断发展而提高，且这种现象在发展中国家表现得更为明显。

在具体分析某一国家的金融发展水平对技术创新的影响方面，学者们习惯将研究对象设定为发展中国家，以便提出更具有现实意义的结论。Lorenz（2015）通过对非洲国家的研究，发现融资约束对成立晚、规模小的企业所产生的负面影响更为显著。Berg 和 Fuchs（2013）以非洲国家为研究对象得出了中小型创新企业的银行贷款在很大程度上受政府调控。而 Bertoni 和 Tykvová（2012）对欧洲生物医药产业的研究结果显示，相比政府公共基金，私人风险投资基金在激励技术创新方面效率更高。

（二）微观层面的实证研究

微观层面通常选择企业数据进行实证检验，方法选择也不尽相同，以此来研究特定国家范围内金融发展状况对企业技术创新的影响效果及程度。

Freel（1999）对英国小型制造企业的研究表明，技术创新所带来的资金短缺问题主要是通过外源融资（特别是银行贷款）来解决的。Herrera 和 Minetti（2007）进一步对银行贷款期限与企业创新率的关系进行了研究，他们对意大利制造企业进行了为期三年的调查，发现银行贷款的期限越长，企业创新率越高，并且更倾向于从外部引进新技术。Ayyagari、Demirguc-Kunt 和 Maksimovic（2011）使用 34 个国家的上万个企业数据进行实证研究，结果显示外部融资明显地促进了企业创新行为，并且通过投资研发的方式促进了经济增长。Benfratello、Schiantarelli 和 Sembenelli（2008）用单位面积内银行数量来衡量银行发展程度，研究其对技术创新的影响，结果发现银行市场对技术密集型、规模较小、依赖外部融资的企业的技术创新的促进作用更加显著。Martinsson（2010）使用动态欧拉方程进行实证分析，说明了市场化程度高的金融体制更有利于鼓励企业技术创新，并建议欧洲大陆适当放松对企业融资的管制。Alexandra、Braga 和 Vitor 等（2013）使用因素统计技术对葡萄牙技术创新企业进行研究，发现经济和金融是影响创新决策的主要因素。Ang（2014）利用印度 40 年的时间序列数据进行实证研究，发现金融改革会对技术创新产生影响，进而刺激经济发展。

相比国外，尤其是发达国家，我国学者对金融发展与技术创新的实证研究比较局限，研究对象主要集中在我国内部（地区或行业），既缺少宏观层面的跨国数据比较，也缺乏微观层面的企业数据支持，主要困难在于数据收集难度较大，准确性有待商榷，因此相关实证研究较为粗糙。张军和金煜（2005）以我国 15 年的省际面板数据构建固定效应模型，证实了在该时期我国生产率随着金融水平不断深化而有所提高。朱欢（2010）使用企业创新投入和创新产出的省际面板数据进行实证检验，得出了商业银行对技术创新的促进作用比资本市场更加明显的结论。李健和卫平（2015）通过估算我国各省民间金融规模和全要素生产率并检验，发现民间金融不断发展对提高全要素生产率有积极影响。沈丽萍（2015）对创业板企业的实证检验认为，风险投资对企业技术创新并无显著影响。高小龙和杨建昌（2017）运用 2003～2012 年中国 257 个地级市的面板数据和 30 个省的省级面板数据分别实证检验了金融集聚对技术创新的影响和作用。研究发现，金融集聚不仅对技术创新具有显著促进作用，同时金融集聚还会通过产业集聚效应、服务创新效应、信息扩散效应和人力资本效应对技术创新产生影响。

（三）实证方法与指标选取

学者们在进行宏观研究时，可以选择固定效应模型或动态面板模型来检验金融市场对技术创新的作用，如果需要检验金融安排（包括金融制度、金融政策等）与技术创新的关系，则主要采用双重差分模型（林小玲、张凯，2018）。微观层面的实证方法相对更加灵活多样，除双重差分模型法、倾向匹配法、分位数回归法外，还可以选择实地调查、因素分析、案例分析等方法进行分析研究（Coad, Pellegrino and Savona, 2014；Veugelers and Schweiger, 2016；Acharya and Xu, 2017）。

合理度量金融发展水平是进行金融发展与技术创新研究的基础，也是金融发展理论的重要内容。综合现有文献，金融发展指标主要可以分为金融发展深化指标、金融发展效率指标和金融发展结构指标。金融发展深化指标中最典型的是由 Goldsmith（1969）提出的金融相关比率（Financial Interrelations Ratio, FIR），具体指某一时点上现存金融资产总额与国民财富之比，以此反映金融总量的动态变化。除此之外，还有戈氏指数、金融中介指标（King and Levine, 1993）和股票市场规模（Levine, 1996）。金融发展效率指标包括金融机构私人企业贷款和股票市场流动性指标，以此判断金融效率。金融发展结构指标范围十分广泛，可以从金融市场和金融机构的规模、效率、业务等不同方面衡量金融发展（Beck, Demirguc-Kunt and Levine, 1999）。

在进行宏观实证研究时，通常用全要素生产率的增长率来衡量技术创新（Masako and Masayuki, 2008），还有部分学者认为，新增专利数量可以作为技术创新的代理变量（Kortum and Lerner, 2001），相关研究结论均表明金融发展与技术创新之间存在正向且稳定的关系。此外，还有学者以企业成长程度来衡量企业技术创新（Hellmann and Puri, 2000；Engel and Keilbach, 2007）。

四、文献评述

通过上文对金融发展与技术创新相关文献的梳理和分析可以看出，国内外学者在理论研究和实证研究方面均存在一定差异。理论方面，发达国家具有成熟的清晰明确的产权制度和规范的法律框架，因此相关研究在理论方面取得了较大进展。而中国作为发展中国家，由于金融体制相对落后、金融市场尚不成熟、法律环境不够完善，因此理论进展较为缓慢。实证方面，虽然国外学者得到了一些作用机理的理论结论，但是这些结论无法通过实证获得检验，只能通过最终效果判断。国外学者的实证研究大都集中在两点：一是利用跨国数据比较银行信贷与金融市场对技术创新的绩效；二是利用企业数据比较股票市场与风险投资支持技术创新的作用方式及程度。而国内学者侧重于结合本国国情讨论银行利率市场化、政府财税政策等对微观主体技术创新的作用，主要通过国家公开数据或者上市公司数据进行相关实证研究。

现有文献为金融发展与技术创新的研究奠定了较为良好的基础，然而还有诸多问题并未得到系统化的解决，存在一定的欠缺与瑕疵。总体而言，目前关于金融发展对技术创新的研究存在以下局限性：第一，关于技术创新的关键变量的选择过于单一，当前文献主要选择专利申请数或者专利授权数来衡量技术创新产出，以此作为技术创新的替代变量。事实上，金融发展对技术创新的投入也存在较大影响，并且该影响与对创新产出的影响效果并不完全一致。第二，当前实证研究主要集中在国家层面或者省级层面，即选取国家面板数据或者省级面板数据及与此对应的总体性指标进行回归，并没有进一步对市级面板数据进行检验以获取更为精准的区域实证结果。

因此，本书在理论研究中增加金融功能分析的同时，在实证部分分别从跨国层面、市级层面及企业层面三个维度检验金融发展对技术创新的作用效果，并且在微观层面同时考虑创新投入端和创新产出端，更加深入地研究我国金融体系对技术创新的影响。

第三节　研究内容及研究方法

一、研究内容

本书的研究内容主要是在分析金融发展对技术创新作用机理的理论基础上，先后选取跨国面板数据、市级面板数据、企业面板数据实证分析不同层面金融发展水平对技术创新的影响，以明确金融体系支持技术创新的规律，为我国政府制定提升技术创新水平的相关政策提供理论依据及经验支持。

本书的逻辑结构分为七章，具体安排如下：

第一章，绪论。阐述本书的研究背景及研究意义，通过对现有文献的整理和总结概括出前人的研究成果，并明确本书的研究内容和结构安排，确定研究方法、技术路线与本书的创新之处。

第二章，理论基础与机制分析。首先，对涉及的核心概念进行界定。其次，对金融发展理论及技术创新理论两个重要理论进行回顾。前者按照金融发展理论的发展历程，梳理金融发展理论的主要流派及其研究视角和政策主张，后者则围绕熊彼特创新理论重点介绍具有代表性的技术创新理论。最后，从信息处理、风险分散、资源配置、公司治理四个角度对金融发展影响技术创新的作用机制进行了系统分析。

第三章，中国金融发展促进技术创新的特征化事实。首先，回顾了我国金融体系的发展历程，并分别从银行业、证券期货业、保险业、市场运行状况等方面描述了我国金融发展现状。其次，在回顾我国技术创新历程的基础上，对当前我国技术创新的国际地位、宏观趋势、区域特征进行了比较说明。最后，梳理了我国技术创新的金融支持的演进历程，为后续的实证做好了铺垫。

第四章，金融发展对技术创新影响的实证检验：跨国层面。通过文献回顾得知国内学者较少涉及跨国的实证研究，因此本章以 61 个国家 30 余年的跨国面板数据为研究对象，从宏观层面检验金融发展对技术创新的影响。

第五章，金融发展对技术创新影响的实证检验：地区层面。由于不同地区的技术基础、创新资源与制度环境存在差异性，因此在考察金融发展对中国技术创新的影响时不能忽略两者之间的空间异质性。本章在实证中增加地理空间因素，选取 2003~2017 年我国的地市级数据，考察金融发展对中国技术创新的空间影响，对中国金融发展对技术创新的作用机制进行检验。

第六章，金融发展对技术创新影响的实证检验：企业层面。由于现有实证检验侧重技术创新产出端的研究，忽略了金融发展对创新投入的影响，因此本章将金融发展细分为银行市场与股票市场，从微观层面进一步验证金融发展对企业技术创新投入和企业技术创新产出的作用效果，并从企业所有权性质及行业性质的角度进行了异质性分析。

第七章，结论与政策建议。总结了本书的研究结论，并在此基础上给出了相应的政策建议，指出了本书的研究不足并提出了进一步展望。

本书的技术路线如图 1-1 所示。

二、研究方法

本书研究内容涉及宏观经济学、微观经济学、数量经济学、金融学、技术经济学等学科，主要运用以下研究方法：

第一，文献研究法。文献研究法主要是指收集、鉴别、整理文献，并通过对文献的研究形成对事实的科学认识的方法，主要目的是为自己的研究内容提供理论支持。本书主要在文献综述、理论回顾、研究假设等部分采用文献研究的方法。在文献综述部分，通过梳理国内外关于金融发展与技术创新的文献，把握现有的研究成果并发现存在的欠缺和不足；在理论回顾部分通过梳理金融发展及技术创新的代表理论文献来阐述相应的理论进展；在研究假设部分则

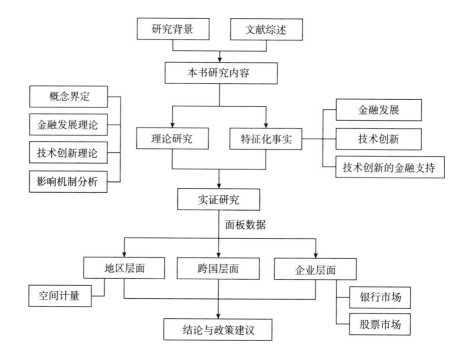

图1-1 本书的技术路线

结合实际问题按照不同角度整理文献，为自己的研究提供一定的借鉴。

第二，实证研究法。实证研究法是指根据文章的研究内容选取相关的数据进行定量分析，从而得到结论的方法。本书第四章、第五章、第六章均采用了实证研究法，具体是对跨国面板数据、市级面板数据、企业面板数据进行回归检验，以确定金融发展与技术创新两个变量之间是否存在长期稳定的作用关系。特别地，第五章在普通面板数据的基础上增加了空间相关性的检验，侧重研究样本之间的区域联系。

第三，比较研究法。比较研究法是根据一定的标准，对两个或两个以上有联系的事物进行考察，寻找其异同，探求普遍规律的方法。本书主要在第三章、第四章、第五章、第六章中运用了比较研究法。第三章的特征化事实描述中不仅涉及我国金融发展与技术创新的纵向比较，也呈现出特定时期不同地区的横向比较结果。第四章异质性分析中按照样本国家是否属于 OECD 及收入水平进行分类，研究金融发展对技术创新的影响。第五章在进行空间异质性检验时，分别对比了不同年份的莫兰散点图、LISA 图和 LISA 显著性图，为选择空间计量模型提供了支持。第六章在异质性分析中采用比较研究法来分析不同产权性质、不同行业的企业的技术创新的金融支持效果。

第四节　可能的创新之处

本书的研究基于前人研究基础，受益于大量现有研究成果，存在以下创新之处：

第一，对金融发展与技术创新之间的关系进行了系统分析。与传统的金融发展结构观不同，本书在立足更加稳定的金融发展功能观基础上，更加侧重不同金融安排对金融功能发挥的影响，以及这种影响会对技术创新产生何种作用。

第二，本书弥补了现有文献在省级层面与企业层面实证经验的空缺。已有文献的实证研究主要集中在国家层面、省级层面以及微观企业层面，在省级层面与企业层面存在一定的实证空缺，本书选用地市级数据进行空间计量模型的检验，在更加精确的维度上得到了金融发展与技术创新之间的空间联系与区域差异，有利于各地方政府根据本地区情况更加有针对性地制定政策促进技术创新水平的提升。

第三，本书同时考察了金融发展对技术创新投入端和技术创新产出端的影响。从国内外文献来看，学者往往仅选择企业 R&D 投入或者创新产出作为研究对象，然而由于存在时滞、制度等因素的影响，这两者之间并非能够保持稳定的正向关系。因此，本书同时检验金融发展对企业 R&D 投入与专利申请量的影响，并通过检验结果的比较来推测企业技术创新的效率。

第二章 理论基础与机制分析

第一节 相关概念的界定

一、金融发展

(一) 金融发展的定义与内涵

由于不同国家的法律、经济、社会、文化等背景千差万别，由此形成的金融机构、金融市场、金融制度也难以统一概括。一般而言，金融体系是指由金融工具、金融机构、金融市场等要素构成的、可供资金在经济实体中流动的有机整体。考虑到金融活动的外部性，政府也需要在金融体系中进行监管和调控。随着金融工具不断创新、金融市场日新月异，人们逐渐意识到可以通过调整金融制度和金融市场来减少市场摩擦、降低交易成本、减轻市场失灵、优化资源配置（Merton and Bodie，1995）。例如，政府通过设立金融监管机构和完善法律法规来降低投资者的风险，从而提高投资者的投资意愿。又如，如果被投资企业的信息公开化程度较高，投资者就可以更加合理地确定其投资的预期回报，从而提高资金配置效率。可惜的是，虽然大部分学者对金融安排或金融体系在经济增长中的重要作用持有一致而肯定的态度，但很长时间以来并没能够将其归纳到"金融发展"这一概念上。

1969年，戈德史密斯（Goldsmith）首次提出金融发展这一概念，由此引出了之后近半个世纪关于金融发展的理论研究与实践检验的讨论，许多学者从不同角度给出了金融发展的定义，并对其内涵进行了深入剖析。戈德史密斯认为，金融发展就是金融结构的变化，而后者则是由金融工具和金融机构共同决定的，这一说法较为符合当时的经济事实，也易于理解和推广，因此被视为经典定义。同时，戈德史密斯将金融结构等同于金融工具与金融机构的规模，这一观点虽然为金融发展的量化研究降低了难度，但却使当时的企业在发展过程中唯规模是论，盲目追求扩张金融资产而忽视了金融发展的质量（白钦先，2005）。

与戈德史密斯不同，Merton 和 Bodie（1995）从功能视角分析金融体系，并据此提出了"金融功能观"理论，该理论认为，良好运行的金融体系可以促进资本积累、优化资源配置，进而提高国民经济水平。Merton 和 Bodie 假定了金融功能观成立的两个前提：一是金融功能比金融机构更加稳定，相比金融机构在时间上不断更新种类、在空间上持续扩张规模，金融功能依然能保持基本稳定的状态，这对于后续的分析至关重要；二是金融功能比金融结构更加接近金融本质，也就是说金融功能比金融结构更加重要，金融机构之间的竞争能够提高金融系统效率，实现更多的金融功能，最终提高整个金融体系的运行效率。Beck 和 Levine（2002）支持这一观点，认为金融功能观能够更好地反映出金融发展的内涵。而中国学者白钦先（2005）则基于我国国情对此提出了看法，他认为，中国当前正处于经济转型阶段，而金融功能观能够从扩张市场规模的框架中跳出来。

Shaw（1988）和 McKinnon（1973）针对发展中国家普遍存在的金融抑制现象提出了金融深化论。他们认为，政府对金融的过分管制减弱了利率和汇率反映金融市场真实信息的能力，并建议政府放松管制，给予市场主体自由发挥的空间，从而利用市场自身机制调节供需关系，使资金、金融、经济进入良性循环中。同时，Shaw（1973）指出，金融发展具有以下基本特征：投资资金的主要来源是国内储蓄；金融资产在增加存量的同时不断丰富种类；金融体系规模扩大；利率和汇率能够准确反映投资信息。

Beck 和 Levine（2002）认为，金融发展描述的是金融体系的整体运行状态，也就是说，不仅仅指金融资产、金融机构数量的增加，也包括金融效率、金融制度等质的提升，是指整个金融体系的完善。Beck 和 Levine 的研究集中在金融发展对经济增长的影响机制方面，因此更强调其整体功能，从这个角度来看，金融发展就是在金融功能不断深入、金融效率不断提高的基础上促进经济增长的动态过程。然而，由于经济发展的现实情况复杂多变，不同国家的法律法规、监管力度、科技水平等在不同时期存在较大差距，因此具体到某一经济实体，金融发展就是指金融体系在某一个或某几个金融功能方面逐渐完善的过程。

在国内研究方面，初期学者们也是通过研究金融发展与经济增长的联系，得出了金融发展是由金融规模、金融效率、金融结构、金融制度等因素共同构成的这一结论。同时，金融功能的观点也被广泛使用。黄达（1998）认为，除金融规模扩张和金融效率增强之外，金融发展还应该能够反映诸如优化金融结构、放松金融管制等信息，并通过创新金融产品、革新金融制度推动金融体系的完善，促进宏观经济发展。彭兴韵（2002）认为，金融发展是一个金融功能不断完善的动态过程，在这个过程中可以提高金融效率、增加经济增长动能，此外他还指出在衡量金融发展水平方面，不应该只关注量的增加，还需要重视效率的高低与结构的完善程度。此外，还有一些学者尝试从其他视角对金融发展进行定义。姚勇（1999）从金融组织的角度出发，认为可以将金融发展近似为金融组织的历史演化进程。孙伟祖（2006）则将金融产业作为研究对象，通过金融产业的发展变化来分析金融发展。

从上述对金融发展概念的梳理可知，金融发展是一个金融体系在规模、效率、结构等多方面的动态演化概念，其表现形式会随着经济主体所处发展阶段的不同而千变万化。

（二）本书关于金融发展的界定

在明确金融发展这一概念之前，首先要明确发展的概念。《辞海》给出了关于"发展"的两条释义：一是指事物由小到大、由简单到复杂、由低级到高级的变化；二是指扩大（组织、规模等）。结合学者们对其概念的剖析可以看出，戈德史密斯的金融发展概念中"发展"一词更偏向于第二种释义，而后续学者的定义更侧重第一种释义。本书对金融发展的定义依然以金融功能观为基础，将其定义为金融体系中金融资产规模扩张、金融工具有所创新、金融效率持续提高、金融结构不断改善、金融机构对实体经济的适应性进一步上升的动态过程，也可将其概括为质、量、结构三个维度的优化进程。

二、技术创新

（一）技术创新的不同定义

科学技术作为知识的一种表现形式和现实载体，通常被认为是第一生产力。由于其具有可传播性、高回报性、资源投入性等主要特征，因此人们未来提高生产率的过程中会尽可能地提升科学技术水平，而由此便产生了创新的意识。著名经济学家熊彼特（Schumpeter）是首次对创新进行独立研究的学者，他认为创新是指在生产过程中所涉及的新材料、新方法、新工艺、新产品等，即创新贯穿着经济体的生产全程。随后熊彼特指出创新并不一定要产生新发现，对现有资源的重新配置也可以称为创新，同时他还十分重视企业家在创新过程中的重要地位，因为他们指导着生产过程中生产要素和生产关系的重组。

与上述认为创新是在生产过程中产生的观点不同，很多学者认为创新的关键因素是市场，他们提出技术人员开发的新技术、改进的新工艺、发明的新产品必须要与市场相结合，否则不能被称为创新。曼斯菲尔德等（Mansfield et al.，1971）将创新活动分为产生理念、形成创造、进入市场三个阶段，认为只有完成所有阶段的活动才算完成创新。林恩也将技术创新定义为包括新产品商业化的一个过程。美国经济学家弗里曼对技术创新的定义同样也注重时序性，他认为，技术创新是"新潮、新过程、新系统和新服务的首次商业性转化"。Freeman、Clark 和 Soete（1982）在承袭此观点的基础上进行了进一步补充，认为技术创新的结束点不是创新成果的市场化，而是宣传销售等商业行为。厄特巴克（1974）在《产业创新与技术扩散》中提出创新（此处就是指技术创新）是技术的首次应用，侧重时点性。OECD（1992）在《技术创新统计手册》中指出，技术创新包括新产品和新工艺，以及原有产品和工艺的显著技术变化。美国国家科学基金会（ISF）认为，创新是技术变革的集合，判断要点有两个：一是新项目是否具有经济社会价值；二是新项目是否成功应用。

徐庆瑞在整理前述关于技术创新的不同论述的基础上，对创新进行了重新定义。他认为创新是具有独特构思且能够成功实现的一系列非连续事件，突出了非连续性。1999 年，我国发布了《关于加强技术创新，发展高科技，实现产业化的决定》，其中对技术创新的定义表述如下："技术创新，是指企业应用创新的知识和新技术、新工艺，采用新的生产方式和经营管理模式，提高产品质量，开发生产新的产品，提供新的服务，占据市场并实现市场价值。企业是技术创新的主体。技术创新是发展高科技、实现产业化的重要前提。"当前学界认为，傅家骥（2000）对技术创新的定义较为系统全面，他将技术创新概括为包括科技、组织、金融、商业在内的综合过程，其目的是为了获取商业利润，方式主要有重组生产要素、改建组织结构、更新生产系统、提高经营水平、开发新产品等。

上述关于技术创新的定义不尽相同，所含范围既有广义又有狭义。随着信息技术的进一步发展，知识传播速度的不断加快，科学技术对经济发展的推动作用有目共睹，人们对于技术创新的看法也在不断更新发展。首先，技术创新不单纯指生产过程中相关技术的工艺创新或技术进步，还需要将其应用到实际生产中，投向更广阔的市场，从这个角度来看，技术创新还应该包括技术的市场化行为和商业化应用。其次，技术创新是技术进步和应用创新共同作用的结果。认识到该过程中经济因素的重要性是应该的，但是也不应忽略技术本身的开发规律，既要认识到市场需求下技术创新的必要性，也要考虑到客观条件下技术创新的可行性。

（二）本书关于技术创新的界定

严格说来，科学和技术这两个概念并非能够混为一谈。科学处于链条的前端，是人们为了认识世界而在知识整理和思考基础上的系统行为，侧重知识的自然属性；而技术则是人类在生产过程中为了便利进行的综合行为，侧重知识的社会属性。科学作为一种公共物品，需要政府发挥带动作用去组织与支持相关的创新活动，而技术创新的主体是企业，政府行为必须慎之又慎。随着科学技术的快速发展，两者之间的关系逐渐紧密，各国在政策文件中也不再进行明确的区分，因此本书在后续研究中也不对其进行严格区分。

本书对技术创新的定义以熊彼特的创新理论为基础，是指以企业为主体，围绕技术开发和成果商业化进行的一系列技术市场化行为，不仅包括前端的研发新技术，也包括末端的应用型产品；不仅包括投入市场前对技术转化和产品销售的思考，也包括销售完成后的配套适应性措施。

第二节　金融发展理论

金融发展往往与经济增长同时出现，学者们对于两者之间的关系及作用却难以形成统一的意见。具有代表性的 Schumpeter（1912）认为，金融是促进经济增长的重要因素，但也有部分学者认为该促进作用收效甚微。随着金融发展理论的形成与完善，其研究层次也在逐步深化，研究成果不断丰富。本节将按照金融发展理论的发展历程，梳理金融发展理论的主要流派及其研究视角和政策主张。

一、金融发展理论的酝酿（20 世纪五六十年代）

第二次世界大战结束后，获得独立的发展中国家政府纷纷以发展经济为目标对金融体系进行了不同程度的干预，在此过程中先后意识到由于战争的破坏而造成的本国储蓄不足所带来的严重的资金短缺问题成为影响经济增长的主要因素。在此背景下，经济学家开始研究金融发展与经济增长的关系，其中具有代表性的是格利和肖的广义货币金融理论、帕特里克的金融供给引导论和金融需求带动论、戈德史密斯的金融结构论。

（一）广义货币金融理论

格利（Gurley，1955）和肖（Shaw，1956）先后发表论文《经济发展中的金融方面》和《金融中介机构与储蓄—投资》，并通过建立一种由简单到复杂、由初级向高级的动态金融发展模型来说明金融发展在经济增长中的地位变化。随后，两人在《金融理论中的货币》和《金融结构与经济发展》中尝试建立一个包含多元化的金融工具、多层次的金融中介及相对完整的金融政策的金融体系，这标志着广义货币金融理论的产生。该理论的核心思想是金融发展是经济增长的必要因素和有效手段，健康的金融体系可以通过将储蓄转化为投资来弥补生产资金的不足，从而推动经济快速增长。

（二）金融供给引导论和金融需求带动论

金融供给引导论和金融需求带动论最初是帕特里克（Patrick）在 1966 年出版的《欠发达国家的金融发展和经济增长》一书中提出的。他认为，一方面，金融体系可以通过整合金融中介、丰富金融产品、实施金融政策等方式来有效配置资源，从而刺激投资、促进经济增长；另一方面，经济的快速增长也可以扩大消费规模、提升投资潜力，并对投资方向和结构提出更高要求，也就是说两者互为因果。具体来说，经济水平较为落后的国家或地区可以结合自身特点，优先发展金融，引导经济发展，即"金融供给引导论"；反之如果经济水平超前于金融体系，则可以实现金融的滞后发展，即"金融需求带动论"。现实中，这两种观点都有所体现，可以同时存在、交互作用。在之后的研究中，Greenwood、Jovanovic（1990）以及 King 和 Levine（1993）对金融需求带动论进行了补充和完善，并提出"门槛效应"，即由于建立金融中介和丰富金融产品存在较高的固定成本，因此经济水平必须发展到一定阶段，金融发展的促进作用才会有所体现。

二、金融发展理论的初步形成（20 世纪 60 年代）

著名金融学家戈德史密斯（Goldsmith，1969）将金融现象分为金融工具、金融机构、金融结构三类，他认为金融工具是金融资产的所有权凭证，金融机构是由金融工具组成的企业，而金融结构则是上述两者在不同规模和形式下的结合，因此金融发展的实质就是金融结构的变化。为找寻各国金融发展的差异，他首次将定性分析与定量分析相结合，比较了 35 个国家近百年的金融发展历史与金融结构现状。在此过程中，他创造性地提出了 8 个用于衡量金融发展的指标，其中最具代表性的是金融相关比率（FIR），即金融资产市价总值与国民财富的比值，其不仅成为衡量金融机构最基本的指标，也为后续相关实证研究提供了参考。戈德史密斯指出金融发展不仅可以通过带动储蓄向投资转化来间接促进经济增长，同时其自身规模与结构也会直接影响经济增长。通过对单一国家的纵向比较和对不同国家的横向比较，他认为金融发展是存在基本规律的，虽然各个国家所处的经济发展阶段不同，发展速度有快有慢，但总体趋势较为接近。这不仅意味着发达国家的金融发展历程相似性较高，同时也预测了发展中国家也将走上同样的道路。虽然戈德史密斯的金融结构论将金融发展简单地与金融结构变化等同这一做法过于片面，缺少了对金融效率的考虑，但他提出了全新的理论框架，昭示着金融发展理论的初步形成。

三、金融发展理论的正式形成（20 世纪 70 年代）

戈德史密斯的金融结构论首次将研究对象由银行类金融机构扩大至整个金融体系，为后续的研究开辟了一条规范性研究道路，具有重要的开创意义，但是直到金融深化理论出现，金融发展理论才获得大部分学者认同，各国政府也开始尝试将其作为一项经济政策，因此本书将麦金农（Mckinnon，1988）提出的金融抑制论和肖（Shaw，1988）提出的金融深化理论作为金融发展理论正式形成的标志。

（一）金融抑制论

在新古典经济学的供需模型中，利率是一个重要的调节因素，较低的利率可以增加投资进而促进经济增长。而麦金农（Mckinnon，1973）和肖（Shaw，1988）从不同角度对此提出了质疑。麦金农在《经济发展中的货币与资本》一书中提出了"金融抑制论"。他指出，在政府过度干预利率或者通货膨胀较为严重时，实际利率会偏低甚至变为负数，这会导致人们降低储蓄的意愿，而生产方的借款需求却有所上升，造成资金的供不应求。在这种信贷资源稀缺的情况下，金融机构被迫实施"配给"授信，使资金市场化程度进一步降低，进而扭曲了资源配置，降低了市场效率。此外，得不到资金的民间企业也可能通过高利贷或者寻租等方式寻求外源融资，这在破坏市场机制的同时也带来了腐败。从长远来看，缺乏外源融资的企业由于资金规模所限，既影响了资本积累，也阻碍了技术进步，严重抑制了经济增长的主要源泉。因此，麦金农认为政府不应对金融进行过多干预或者管制，包括但不限于利率管制、汇率管制、信贷配给等手段，尽可能地达到金融自由化。

（二）金融深化论

肖（Shaw，1988）在《经济发展中的金融深化》中提出了金融深化论。金融深化论也被称为"金融自由化理论"，是在政府的利率管制较为宽松的环境下产生的。在该环境下，实际利率主要由市场资金供需决定，资本成本形成更加市场化，生产方为尽可能地降低资金成本，会在项目甄别上更加慎重，进而促使项目整体质量得到提高，生产效率有所提高。同时，较高的利率也提高了人们的储蓄意愿，积累了社会的闲散资金，保证了生产资金的来源。在经济得以健康快速发展的基础上，各部门对金融发展的需求也会进一步扩大，进而激励了金融业发展，由此形成货币金融与实体经济的良性循环。金融深化论强调了市场的积极作用，并将金融深化分为规模、效率、结构三个层次。首先，随着金融业规模的不断扩大，会对国民经济产生直接影响；其次，金融深化意味着金融工具的不断创新和金融服务水平的不断提升，从而提高金融业整体运行效率；最后，金融深化会将金融体系逐渐调整为与实体经济相协调的金融机构。因此，肖建议政府应该尽量避免不适当的金融管制，并且应该大力推进金融自由化、金融市场化，用市场机制来调节资金供需平衡，推动经济增长。

麦金农的金融抑制论和肖的金融深化论从不同的角度对戈德史密斯的金融结构论进行了深化与完善，两者都不赞成过度的政府干预和管制，同时提倡金融自由化的观点，标志着金融发展理论的正式形成。在实践方面，金融深化论为发展中国家制定货币政策、推行金融改革提供了理论依据，得到了世界银行、国际货币基金组织（IMF）及许多发展中国家和地区的肯定与赞赏，并对20 世纪70 年代以来实行金融体制改革的众多国家产生了重要影响。

四、金融发展理论的发展（20 世纪七八十年代）

金融抑制论和金融深化论自问世以来受到了广泛的关注，并对广大发展中国家的金融体制改革提供了理论基础和政策方向。随后，大量金融学家对此进行了补充研究，通过丰富理论模型和丰富实证方法，他们开辟了金融发展理论的新领域，梳理了金融发展对经济增长的影响机制，扩大了金融发展理论的应用范围。由于这些金融学家都以麦金农和肖的理论为基础，并且承袭了其基本观点，因此被统称为"麦金农—肖"学派，代表人物有卡普尔（Kapur）、加尔比斯（Galbis）、马西森（Mathieson）、弗赖（Fry）。

（一）卡普尔的价格稳定化模型

卡普尔（Kapur，1976）首次以数学模型的方式对金融现象如何加入稳定化政策的分析框架中进行了说明，他建立了一个针对经济欠发达国家的价格稳定化模型。该模型有三个要点：①由于是针对经济欠发达国家的模型，因此商业银行是企业主要的外源融资渠道；②实际的通货膨胀率由预期通货膨胀率和超额需求共同决定；③产出的实际增长率是内生变量。通过该模型，卡普尔在得出稳定状态下实际增长率函数的基础上，对提高名义利率和降低货币增长率两种政策手段对产出的影响进行了分析，结果显示前者的效果明显好于后者。随后，卡普尔（1983）又添加了汇率变量，将模型的对象转变为开放经济中的欠发达国家，认为在初期选择高位下降的利率和货币增长率有利于在保持经济增长的同时均衡通货膨胀率。

（二）加尔比斯的两部门模型

加尔比斯（Galbis，1977）在麦金农观点的基础上，运用两部门模型来分析利率管制和资源配置、经济增长之间的关系。他假设整个经济体由先进部门和落后部门两个部分组成，先进部门可以通过内源融资和外源融资（主要指商业银行）获得支持，而落后部门只能通过内源融资得到支持。在这种假设下，加尔比斯发现通过改进金融机构的储蓄投资模式，调节资金配置机制，可以引导资金流向生产效率更高的先进部门，也就是说在资源给定的情况下，先进部门获得外源融资的规模取决于落后部门的储蓄水平，而后者往往由存款利率决定，因此存款利率的上升可以减少落后部门的低效投资从而增加先进部门的高效投资，实现生产资金的优质配置。加尔比斯的两部门假设在实践中更加符合大多数发展中国家的情况，即技术比较先进的工业部门与技术比较落后的农业部门同时存在。此外，加尔比斯从资源转移的角度来分析金融机构在经济增长中的作用，使结论更加令人信服。

（三）马西森的理论模型

马西森（Mathieson，1979，1980）在麦金农的金融抑制论基础上探讨了一种更为极端的情况，即如果完全放松利率管制造成大量金融机构破产如何制订稳定化方案，对此他提出了一种激进和缓和共存的"混合策略"。马西森认为，在解除利率管制的过程中，需要采取存贷款利率和货币增长率先急后缓的方式。首先，为应对原先贷款利率上限造成的超额信贷需求，需要迅速提高存款利率以扩大可使用信贷规模；其次，贷款利率也应该随之提高以维持金融机构的存贷款利率差，保证其不至于亏损；最后，需要将货币增长率逐渐降至与长期通货膨胀率相适应的货币增长率水平之上，整个过程需要三种不同的政策工具在种类与调节速度上完美配合，才能实现相对稳定的结果。

（四）弗赖的金融发展模型

弗赖（Fry，1979，1980，1984，1987，1993）的主要贡献是对货币金融与经济增长之间的作用机制进行了更为细致的分析。他提出了稳态金融发展模型，将影响经济的关键因素——投资细分为投资规模和投资效率，前者取决于受存款利率影响的储蓄供给，后者取决于贷款利率。由此，金融通过调节储蓄与引导投资，推动经济增长。随后，弗赖又引入时滞因素和适应性预期，并提出了动态金融发展模型，进一步探究了金融发展和经济增长的动态关系。他认为，实际增长率=正常增长率+周期性增长率，而周期性增长率的主要决定因素是预期和存款利率。也就是说，政府可以通过提高存款利率来提高实际增长率。

客观来讲，"麦金农—肖"学派确实对金融抑制论和金融深化论进行了一系列规范化和具体化的补充，具体表现为丰富了数学模型、增加了动态视角、扩大了考察范围，并得出了许多具有实际意义的结论。但由于他们始终难以跳出"麦金农—肖"的理论框架，所以观点较为统一，缺乏创新性。

五、金融发展理论的完善（20世纪90年代至21世纪）

在"麦金农—肖"学派的理论支持与政策导向下，众多发展中国家纷纷开展了以金融自由化为目标的金融改革，但结果却不如预想的那样有效。部分国家在采取金融自由政策后遭受到了金融危机，与此同时选择金融抑制政策的东亚国家的经济却稳步增长，鲜明的对比使人们对金融自由化观点提出了质疑，并就此开始了对新金融发展理论的探索研究。此外，20世纪90年代以来内生增长理论的蓬勃发展为研究金融发展理论的经济学家们提供了新的研究方向，许多学者开始从内生角度研究金融中介的形成和金融市场的发展，并取得了更加符合现实情况的理论成果。

（一）金融功能论

默顿和博迪（Merton and Bodie，1995）提出了著名的金融功能论，并在之后三年对其进行了补充。他们认为，金融功能比金融机构更加稳定，受时间和空间变化的影响较小，金融机构的发展与扩大是为了帮助金融功能得到更好的发挥，提升金融效率，以达到促进经济增长的目标。也就是说，经济主体首先需要明确金融功能，在此基础上寻找具备合适技术、环境、时机的金融机构，并随之调整金融结构。Levine（1997）将金融功能分为五类，即资源配置、风险分散、促进公司治理、动员储蓄、提供便利交换。他认为，金融发展对经济增长的作用机制关键在于提供的服务，而提供服务的金融机构类型，甚至是由金融机构构成的金融市场结构都是相对次要的问题。

综合来说，金融功能论有两个核心观点：一是金融功能比金融机构具有更强的稳定性，在经济增长中的重要性也更强，不同国家和地区、不同阶段的金融功能差异较小；二是金融机构间的竞争会促使金融机构运行得更加高效，金融功能发挥得更加充分。金融功能论的创新之处在于将金融机构和金融市场作为金融功能的载体，并将其放置在同一逻辑框架内来分析三者的动态发展规律。

（二）金融约束论

金融抑制论认为，政府对金融的抑制会扭曲资源配置，阻碍经济增长，因此提出了金融自由化的政策建议，但是该理论在实践中却遭到了巨大打击。部分学者认为，这种理论与实践之间的矛盾的主要原因是金融自由政策的实施需要以瓦尔拉斯均衡为前提，而这一条件在现实中几乎不存在。针对这一窘境，赫尔曼（Hellmann）、穆尔多克（Murdock）和斯蒂格利兹（Stiglitz）在 1997 年提出了"金融约束论"。他们认为，现实中存在的信息不对称所带来的道德风险和逆向选择必然导致市场失灵，并且认为市场失灵的本质就是信息失灵。在这种环境下，金融市场难以完全发挥调节作用，必须由政府出面施加政治压力，通过具有强制力的制度及手段来保证金融市场的正常运行。也就是说，政府对金融的干预是一种助益而非拖累，特别是在经济欠发达、金融市场化程度较低的国家。具体地，如果宏观经济较稳定、通货膨胀程度较低，政府可以对存贷款利率、还款周期、市场竞争等方面加以限制，为金融部门和生产部门创造租金，增加其服务和生产的动力，降低信息不对称，提升金融市场运行效率。

六、金融发展理论的成熟（20 世纪 90 年代至 21 世纪）

20 世纪 90 年代，随着一系列金融危机的产生，金融领域的形势愈加复杂。在经济全球化、金融全球化、经济金融化、金融自由化的大背景下，中国学者白钦先（1998）和孔祥毅（2003）在前人的基础上，提出了以金融资源论为基础的金融可持续发展理论和金融协调理论，将金融发展理论上升到了一个新的高度。

（一）金融可持续发展理论

传统金融学将金融视作一种生产要素，而金融资源论则认为金融是一种资源，而且是一种稀缺的社会资源，从浅到深可以分为三个层次：基础层是广义的货币资金，中间层是金融体系和金融机构，最高层是货币资金、金融体系、金融机构相互作用的整体性结果。该理论认为，在现代经济社会中，知识资源、金融资源、文化资源等非传统自然资源的作用开始凸显，所以许多自然资源极度缺乏的国家也能够实现高产出、高增长。金融可持续发展理论正式从"某个时点的资源配置效率必须考虑到该资源的长期利用与效率问题"这个角度来对金融的资源配置功能增添了一定的约束条件，展开来讲就是金融化不仅需要考虑现实和未来之间的纵向均衡，还需要考虑周边国家甚至是全球经济体的横向均衡，特别是在经济全球化和金融全球化日益深入的当前，这一观点更具有独特的政治和经济意义。对金融资源这种新兴资源的利用也需要遵循经济发展规律，超前于经济发展的金融资源的开发是对金融资源的滥用，而滞后于经济发展则是开发不足，两种情况都不利于金融资源的最大化利用。相较于之前的金融发展理论，金融可持续发展理论更加注重实践的重要性，它强调对金融发展的研究必须从现实经济金融出发，经验检验永远高于理论检验。

（二）金融协调理论

金融协调理论与金融可持续发展理论产生的时代背景大致相同，因此两者在理论框架上有相似之处。金融协调理论的前提是把握住经济运行中的互补性问题，中心是金融效率，主要方法是动态分析和系统分析，研究对象是构成金融的各个要素及其变化的一般规律，目的是构建经济金融相互协调的政策调控体系。更深入地，金融协调理论要求达到数量和质量、宏观和微观、静态和动态的统一与协调，不仅指金融内部的协调，也包括金融与经济、金融与社会之间的协调，由于内容十分广泛，因此其协调方式也丰富多变，可以利用市场机制、政府政策和网络工具等来实现金融和经济的动态且和谐的运行。

总体来说，金融可持续发展理论和金融协调理论与之前理论的明显区别是更加宏观且具有一定的哲学含义，富有强烈的时代特色，尤其是与我国的科学发展观基本要求之一的全面协调可持续发展保持了高度一致，引起了政府和社会大众广泛关注，具有重要的原创性意义和现实意义。虽然两者构建了十分宏大的理论蓝图，但理论深度不足、缺乏精确论证等问题也客观存在，因此对金融发展理论的研究依然任重而道远。

第三节 技术创新理论

一、熊彼特创新理论

1912 年，美国哈佛大学教授熊彼特在其著作《经济发展理论》中首次将创新作为一种理论进行定义，并提出"创新是指把一种新的生产要素和生产条件的'新结合'引入生产体系"。之后，熊彼特围绕创新理论对资本主义的发展动力和经济周期规律进行深入研究，提出了经典的"经济发展理论"。熊彼特独具特色的创新理论奠定了其在经济思想发展史研究领域的独特地位，也成为其在经济思想发展史研究方面的主要成就。

（一）熊彼特创新理论的起源

熊彼特的创新理论主要受到了亚当·斯密、马克思关于技术创新的论述及瓦尔拉斯一般均衡思想的影响。

熊彼特首先借鉴了古典经济学家亚当·斯密关于技术创新的思考。亚当·斯密于 1776 年在其著作《国富论》中对技术进步与经济增长之间的关系做出了说明，他指出：任何社会的土地和劳动的年产物，都只能通过两种方法来增加。其一，改进社会上实际雇用的有用劳动的生产力；其二，增加社会上实际雇用的有用劳动力。有用劳动的生产力的改进取决于"①劳动者能力改进；②工作所用机械的改进"。而这两点都与技术创新息息相关。亚当·斯密认为，国民财富增长取决于技术进步和劳动分工，劳动分工可以促进专业性发明，从而提高劳动生产率，促进经济增长。亚当·斯密的观点使促进经济增长的要素在资本和劳动之外又增加了技术创新这一新要素。

马克思也肯定了技术创新在资本主义发展过程中的地位，认为如果不进行生产方式的改革,资产阶级就无法生存。进一步地,他在《资本论》中明确了科学技术是第一生产力的观点。马克思对机器持有批判的态度,他认为机器的大规模使用会形成劳动力过剩,但同时也会增加工人的劳动强度。从这个角度出发,马克思将发明创造当作一个社会过程,在这个过程中技术、科学、经济三者彼此依赖、相互作用,共同构成了资本主义经济的发展。

在方法论上,熊彼特深受瓦尔拉斯一般均衡思想的影响,不同于瓦尔拉斯的静态分析,熊彼特从动态的角度进行分析,创立了动态经济发展理论。他认为,正是资本主义经济内部的因素推动了经济发展,该因素就是创新。如果创新逐渐式微,就会造成资本主义社会的灭亡和社会主义社会的兴起。从这个角度而言,熊彼特是采用动态视角并从经济体内部入手寻求经济发展的动力与社会制度变化的深层原因。

纵观历史,在熊彼特之前的主流经济学家都将经济增长的源泉固定在资本与劳动上,对技术的作用不甚关心,即使有所研究也是将技术进步视为外生力量,直到熊彼特的创新理论出现才确定了技术创新在经济发展中的重要地位。

(二)熊彼特创新理论的主要内容

熊彼特创新理论以创新概念为核心,在此基础上对创新的不同模式、创新对经济发展的影响机制进行了深入研究,逐渐形成了一套完整的理论体系。

1. 创新的概念

熊彼特于1912年出版了著名的《经济发展理论》,在该书中首次明确提出了创新的概念,随后又在《经济周期》和《资本主义、社会主义和民主》中丰富和完善了创新理论,由此形成了以创新理论为核心的经济理论体系。熊彼特认为,创新是"建立一种新的生产函数",也就是在生产体系中引进新的生产要素和生产条件的新组合,从而获取利润。此处的生产函数是指在生产技术水平给定的情况下生产投入与产出的数量关系,生产函数会随着生产技术水平的变化而变化。所谓新组合则包括新产品、新的生产方法、新的原材料来源、新的产成品市场、新的生产组织形式等。

熊彼特的创新概念具有以下特点：第一，创新是一种"破坏性变革"，是通过这种间断性和突发性的变化来促进经济发展，而非在原有组合基础上的渐进式改进，因此需要对其进行动态研究。第二，创新是一个宽泛的概念，并不局限于技术本身。第三，创新在初期可以带来垄断利润，但随着被越来越多的企业模仿，这种垄断利润会随之减少直至消失，这个过程会推动整体经济的发展，因此创新在资本主义经济社会中占据相当重要的地位。第四，新组合的创新意味着旧组合的毁灭，在完全竞争的市场中，创新和毁灭通常发生在不同的经济部门之间，随着经济发展，经济部门逐渐发展壮大、彼此交融，因此这种创新和毁灭的过程会逐渐内部化。第五，创新与新价值联系紧密，熊彼特认为，发明仅仅产生而没有得到应用并不能称为创新，而应用的实现势必会带来一定的新价值，此时才可以称之为创新。

2. 创新与企业家

熊彼特在《经济发展理论》中格外强调了企业家的作用，他将企业家定义为实现上述新组合的人，企业家作为创新主体，主要职能或者最终目的是实现创新。发明家虽然带来了促进，但并不能将其应用到经济社会中；资本家虽然拥有资金财富，但并不拥有发明成果，因此这两者均不能称之为创新者，而企业家能够联系双方，将资本家的财富投入发明成果上，实现生产要素和生产关系的重新组合，起到创新者的作用。随着企业的发展壮大，一些企业家可能同时身兼发明家（如设立研发部门）和资本家的双重身份，但如果其拥有的资本并没有实际投入到发明成果上，创新行为依然是不存在的。从这个角度来看，企业家至少要具备经营企业的综合能力、发现潜在机会的独到眼光以及争取市场的胆略和勇气，从而合理配置创新资源，获得更多的利润。

3. 创新的模式

在高度强调企业家作用的同时，熊彼特还在《经济发展理论》中分析了技术创新的创新机制。他将技术视为外生变量，认为新的技术发明在市场结构之外，不会受到现有市场需求的影响，只有在某些企业家注意到它的潜力并成功完成创新过程之后，才会冲击到原有的市场均衡状态，使创新企业获得超额利润，但随着大量模仿者进入市场，垄断程度逐渐减轻，该超额利润会减少甚至消失。英国学者沃尔什的团队在熊彼特的理论基础上，对企业技术创新与经济发展的模式进行了整理与提炼，并提出了熊彼特创新模型 I（见图 2-1），该模型也被称为"企业家创新模型"。

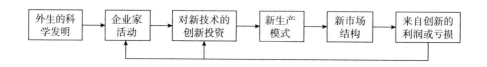

图 2-1 熊彼特创新模型 I

资料来源：熊彼特：《经济发展理论》。

该模型将企业的生产过程与创新行为相结合，形成了一幅连续且线性的动态流程图。显而易见的是，企业家活动和来自创新的利润或者亏损之间的活动共同构成了一条创新反馈循环路线，也就是说创新的成果反过来会对下一周期的创新行为产生影响，形象地展示出技术创新对经济发展的动态作用过程。但是，熊彼特创新模型 I 的不足之处也同样存在，它将位于起点位置的科学发明视作外生变量，对技术创新的内部过程也没有深入剖析。随着企业的不断发展壮大，技术发明的外生性已经不能够解释企业本身对创新的主动态度和积极推动。

1942 年，熊彼特在《资本主义、社会主义与民主》中对创新理论提出了新的见解，强调了大企业在创新过程中的重要作用，并从技术创新的角度揭示了资本主义的灭亡与社会主义的兴起。他对之前完全竞争市场的假设进行了反驳，要点主要包括以下几点：第一，完全竞争市场在现实生活中是不存在的；第二，完全竞争市场的内部效率可能很差，反而可能会浪费资源而非优化资源配置；第三，技术创新后的先进东西不适宜与完全竞争市场同时存在；第四，完全竞争市场的稳定性较弱，更易受到外界干扰。因此，熊彼特将研究主体定义为垄断市场中的更多大企业。另外，熊彼特将技术创新这一因素内生化，这与大企业往往会在企业内部设立研发部门的现实相互统一。菲利普斯（1971）对熊彼特的上述观点进行整理，形成了熊彼特创新模型Ⅱ（见图2-2），该模型也被称为"大企业创新模型"。

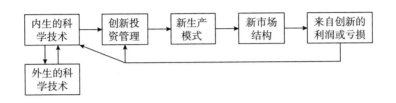

图2-2 熊彼特创新模型Ⅱ

资料来源：熊彼特：《资本主义、社会主义与民主》。

在熊彼特创新模型Ⅱ中，可以明显看出技术创新的内生化，大企业自身内部的研发机构承担了相关研发任务并输出技术创新成果，由此获得大量创新利润，随后这一优势随着模仿者数量的增多而逐渐被削弱。该模型与熊彼特创新模型Ⅰ的主要区别有两点：第一，熊彼特创新模型Ⅰ完全将技术创新视为外生变量，而熊彼特创新模型Ⅱ将技术创新内生化；第二，熊彼特创新模型Ⅰ中各个企业的创新效果是处于相近地位的，而熊彼特创新模型Ⅱ明显更加重视大企业的技术创新效果，并认为该效果在经济发展中发挥着更加重要的作用。

二、新古典学派

新古典学派的代表人物为罗伯特·索洛，他在1956年提出了著名的新古典经济增长模型，也称索洛模型或者外生经济增长模型，并认为长期来看，经济增长的根本原因是技术进步，而非传统意义上认为的资本投入和劳动力增加。随后，詹姆斯·爱德华·米德对索洛的观点进行了补充和丰富，将技术进步直接纳入经济增长模型中，形成了技术决定论。该理论的主要贡献是将技术进步视为与资本、劳动力同等地位的因素，之后的实证分析也巩固了这一理论。丹尼森对 1948~1981 年美国的经济进行核算，发现相比资本 1/6 的贡献率，教育和技术变革 2/3 的贡献率足以将其视为经济增长的最主要源泉。与此类似，西蒙·库兹涅茨认为，技术、制度、观念构成了经济发展的主要因素，因为这些因素会直接影响技术进步，进而影响经济。由于索洛将技术进步这一关键因素视为外生变量，也没有合理地预测出世界经济增长趋势和各国经济发展差距，因此该理论在 20 世纪 70 年代之后逐渐式微。

从 20 世纪 80 年代中期开始，随着人们越来越主动进行技术创新、提高生产率水平，保罗·罗默和卢卡斯等先后构造出内生增长理论模型来解释经济增长。1986 年，罗默在其著作《收益递增经济增长模型》中指出，知识和技术研发是经济增长的源泉，并在完全竞争的基础上建立了内生增长理论的初始模型，由于没有对技术创新这一公共物品的非竞争性和非排他性做出说明，因此该模型无法被广泛应用。针对这一不足，罗默（1990）又在垄断竞争的假设下提出了第二种内生增长理论模型，该模型既包含研发投入，也能够体现不完全竞争，因此被视为新熊彼特模型。除了资本、劳动这两个传统生产要素以外，罗默还加入了人力资本和技术水平两个要素，分别反映知识进步在劳动者和机器设备方面的贡献，这样知识或者教育就能够通过创新转化为商品，从而实现经济效益。此外，罗默还指出，由于技术具有明显的公共物品特征，需要政府采取措施，对技术的形成、转移、扩散、增值等过程提供一定的保驾护航。罗默的模型较为系统地分析了知识、技术对经济增长的作用，为后续的经济增长理论研究奠定了基础。

三、技术创新经济学

20 世纪 50 年代之后，部分学者在熊彼特创新理论的基础上深入探索，逐步形成了研究技术变革、技术推广与市场结构、企业规模的技术创新经济学，进一步强调了技术进步和技术创新在国民经济增长中的重要地位。该学派的代表人物有门施（G. Mensch）、爱德温·曼斯菲尔德（E. Mansfield）、莫尔顿·卡曼（M. L. Kamien）、南希·施瓦茨（N. L. Schwartz）等。

德国经济学家门施认同了熊彼特关于技术创新是经济增长及波动的主要原因这一观点，并在继承和发展熊彼特长波技术论的基础上提出了周期理论。与熊彼特只突出企业家或者大企业家的作用不同，门施认为创新的必要前提和周围环境才是技术创新周期性产生的原因，由此提出了技术创新的长波变动模式。另外，门施基于经济周期提出了萧条引发创新的观点，即在经济衰退阶段，处于危机中的企业会有更充足的动力寻求新技术，而技术创新的浪潮则会带来下一轮经济的高速发展。此外，门施还将技术创新分为基础创新、改良创新和虚假创新，基础创新是指产品创新，当经济萧条时，只有基础创新能够带来新技术、新产品的不断涌现，带领经济实体摆脱危机，使经济进入上升阶段；而当技术创新达到一定程度，改良创新和虚假创新会逐渐覆盖基础创新，进而导致经济增速减慢。基于此，门施认为基础创新对经济增长的促进作用更加显著，如果基础创新不足就会导致经济增速减慢甚至停滞。

英国弗里曼等一批经济学家同样认同技术创新可以推动经济长波上升这一观点，但对门施的萧条引发创新的观点却持反对态度，而是肯定了政府政策在技术创新中的地位。基于此，弗里曼提出了技术创新政策体系，该体系强调了科学技术政策对技术创新的支持和引导作用。弗里曼认为，政府可以从以下三个方面来提升技术创新水平、扩大就业：一是支持基础技术创新，二是助力基础技术创新成果的应用和推广，三是积极引进境外先进技术并扩大其应用范围。技术创新政策体系为当时积极寻求新技术的国家提供了参考思路，并为后续国家创新系统理论的提出奠定了基础。

以曼斯菲尔德、卡曼、施瓦茨等的理论为代表的技术创新经济理论在秉承熊彼特学派分析的基础上，对技术创新和市场竞争、垄断程度、企业规模之间的关系进行了深入研究。曼斯菲尔德的研究主要集中于技术创新、技术推广及模仿之间的关系，他在市场完全竞争、专利权影响极小、新技术在扩散过程中保持稳定、新技术的应用不受企业规模影响这四个假设上考察了新技术在同一部门内部扩散的速度，研究结果表明新技术对企业的影响受企业自身的盈利率、新技术投资额、模仿比例三个因素的影响。曼斯菲尔德的技术模仿论填补了熊彼特创新理论在该领域的空白，但由于上述四个假设过于完美，与经济现实完全不符，因此解释力度十分有限。卡曼、施瓦茨从市场结构的角度剖析技术创新，他们认为，熊彼特的完全竞争市场假设忽略了现实的市场结构问题，并指出市场竞争、垄断程度、企业规模是影响企业技术创新的三个因素。首先，由于完全竞争市场缺乏对创新者持久收益的保障，因此并不利于企业进行技术创新；其次，垄断程度越高，其他企业的模仿成本就会越高，作为垄断者的企业越能够享有创新带来的利润；最后，企业规模则关系着技术创新成果应用的市场潜力和前景。基于此，他们认为，最有利于技术创新的市场结构是处于完全竞争和垄断之间的"中等竞争"的市场结构，该理论也被称为"市场结构论"。

四、制度创新经济学

与门施、曼斯菲尔德、卡曼和施瓦茨不同，另一些熊彼特的追随者以制度和制度变革为研究对象展开了对技术创新的讨论，并逐渐形成了制度创新经济学，这也是新熊彼特学派的另一个重要分支，主要代表人物有兰斯·戴维斯（Lance E. Davis）、道格拉斯·诺思（D. C. North）和拉坦（V. W. Latan）等。

熊彼特的创新理论将制度视为经济组织方式、市场结构或者体系，戴维斯和诺思继承并发展了该观点，在《制度变革与美国经济增长》一书中提出了制度创新理论。他们认为，制度创新是帮助创新主体获得创新利润的制度安排，是某种经济组织形式的变革或者经营管理方式的改进。如果当前制度无法实现创新的预期净收益，那么就需要消除旧制度中的阻碍因素，填补旧制度的空白盲区，制度创新应运而生。制度创新的形式广泛而灵活，具体取决于制度制定者的影响力和制度创新之后的成本效益,如股份公司制度的出现、工会制度的产生、社会保险制度的实行等都属于"制度创新"。该理论认为,相比技术创新,制度创新才是影响经济增长的首要因素,原因在于资本、劳动、知识对经济增长的作用都必须基于适当的经济社会制度,只有建立恰当的制度来明确产权才能够充分激发经济主体的技术创新动力,否则上述要素难以发挥作用。该理论还认为,在"制度创新"进行一段时间后会形成"制度均衡",此时无论如何变革制度都不会为创新主体增加新的利益,除非出现新的技术创新或者发现新的获益机会,才会出现下一轮的"制度创新",进而继续在新的循环上行进发展,即技术创新作为制度创新的诱因提出了新的制度需求。这一动态的过程被总结为"两个行动集团,四个行动步骤":首先,某部分预见到潜在利益并且认识到只有通过制度创新才能实现该利益的决策者群体组成"第一行动集团";其次,"第一行动集团"提出制度创新的不同方案,并在集团内部按照成本效益原则进行比较筛选;再次,在"第一行动集团"的基础上加入帮助其推动制度创新的必要群体,形成"第二行动集团";最后,在两个集团的共同努力下完成制度创新。该理论将制度学派理论与熊彼特创新理论进行结合,从制度安排的角度探讨国民经济增长,丰富了技术创新理论。然而,它不仅缺乏动态均衡的比较分析,而且,它在解释制度创新必要性时,处处以利润最大化为原则,利用超阶级的手法将资产阶级政府当作完全代表公众利益的一方,忽略了阶级斗争在制度变革过程中所起的重要作用,是当时资本主义制度下的产物。

拉坦在综合戴维斯和诺思等的理论的基础上,从技术进步和稀缺资源的价格变化的视角对制度创新的需求进行了分析,并由此提出了诱致性创新理论模型。拉坦认为,制度创新与其他事物一样,都是由需求和供给来共同决定的,技术创新所带来的新收入对制度创新提出了新的需求,供给则是由法律、商业、社会服务等知识的进步带来的降低现行成本实现,由此出现了制度创新需求和供给共同作用下的诱致性制度变革。在此框架中,当社会科学知识进步时，制度创新的供给曲线就会右移，在需求曲线不变的情况下，制度成本会有所下降。然而，由于诱致性创新强调了内生性，因此有时会不好控制。例如，当经济主体实现自身收益后就会减弱对创新的积极性，进而会导致制度创新的进展缓慢或者效率降低。又如，经济主体往往需要时间来适应创新的制度，在此期间就会出现由于外部效应而产生的"搭便车"或者寻租现象，不利于制度的持续性。

五、国家创新系统理论

随着技术革命的兴起并形成世界性的浪潮，学者们更加直观地认识到技术创新在经济增长中无可取代的地位，而技术创新与技术进步却是一个复杂而庞大的工程，而非是仅靠企业家的力量就能够独立完成的。之前的经济学家的研究重点往往集中在市场结构和企业家职能上，随着越来越多的学者认识到国家干预的必要性，1987 年，英国经济学家弗里曼首次明确提出国家创新系统的概念，由此开始逐步形成了技术创新的国家创新系统理论。从研究维度来看，该理论主要有微观学派和宏观学派之分。

（一）微观学派

微观学派主要是从企业、政府、金融机构的关系着手分析国家创新系统的构成和作用机制，代表人物是伦德威尔（Lundvall）。伦德威尔认为，创新产生于生产者与消费者的相互作用过程之中，与前述学者侧重竞争企业之间的横向作用不同，他侧重于劳动者的纵向分工，由此形成了有组织的市场，而生产者和消费者的互动则共同构成国家的框架。国家的市场结构和经济体制相比资本、劳动等生产要素具有更强的稳定性，不易转移，因此国家的存在使各个国家拥有较为独立的国家创新系统。他格外强调了学习的重要性，指出在国家这一社会体系内，关键的生产要素是通过不断的学习获取的，而生产、扩散、应用相关知识的效率则被用来衡量一国的创新系统效率。此外，伦德威尔认为，国家创新体系由大学、研发机构、其他与研发有关的机构以及制度安排组成，后续的相关研究大都采用这种框架进行分析。随后，安德森、约翰逊等对此观点进行了补充，他们认为不同的地理环境、历史文化等共同构成了一国的国家创新系统，并详细探究了企业组织结构、企业关系、金融部门、研发部门及研发强度与国家创新系统之间的关系。

随着全球经济一体化程度的不断加深和信息技术的快速发展，国家创新系统理论已不足以解释日益壮大的区域创新活动，于是开始出现区域创新系统理论、产业创新系统理论、创新生态系统理论等。英国学者库克（2004）总结出了区域创新系统的内涵与基本特征，对区域创新系统理论与国家创新系统理论之间的理论空白以及产业创新系统理论也做出了填补和补充，进一步丰富和完善了相关理论体系。美国竞争力委员会认为，在当前经济格局下企业、工人、政府、教育家之间应该共同构成创新生态系统。著名经济学家迈克尔·波特（Michael E. Porter）将国家创新系统理论与产业集群相结合，提出了国家竞争优势理论。该理论认为，一国的竞争力由四种内部决定因素（生产要素、需求条件、相关产业、企业组织战略及竞争）和两种外部力量（政府、随机事件）决定，政府对技术创新的主要职责是针对上述四种内部决定因素采取措施，创造一个适宜技术创新出现、推广、应用的环境。严格来说，该理论属于国际贸易理论，但其中涉及的关键要素及政府角色对目前以科技创新为核心的国际竞争有很重要的指导意义。因此本书认为，该理论也可以反映出一部分国家创新系统理论的思想与趋势。

（二）宏观学派

该学派的研究维度是国家层面，学者们侧重从制度设计的角度对国家创新系统进行深入分析，总结其性质、结构、功能等，并以国家为单位进行跨国比较和实证验证。代表人物有英国经济学家克里斯托弗·弗里曼（Freeman）、美国学者理查德·纳尔逊（Nelson）、佩特尔（Patel）和帕维蒂（Pavitt）等。

弗里曼（1987）在其著作《技术政策与经济业绩：日本国家创新系统的经验》中指出，不同国家的国家创新系统是各国实现技术领先或者技术赶超的主要因素，而政府政策正是该系统的主要组成部分，与企业、大学等教育机构及其他组成部分共同促进一国的技术创新。弗里曼以"二战"后的日本为研究对象，利用国家创新系统的性质来解释"二战"后日本的经济腾飞，并剖析了技术差距的深层次原因。弗里曼观察到日本大量引进美国技术并进行模仿或改进，同时其自身的制度、组织管理也有一定程度的革新，两者共同作用，提高了国家创新系统水平，迅速提升了国家竞争力并实现了经济复兴。据此他总结出了日本国家创新系统的主要特点：一是政府从长远角度设置最优的资源配置方案；二是重视教育，不仅包括学校的基础教育和高等教育，也包括企业的继续教育和专业培训等；三是企业研发活动（R&D）始终在整个国家创新系统中占据着核心地位；四是日本逐渐形成了更适合该国创新体系的产业结构。根据其实证结果，弗里曼认为技术相对落后的国家可以通过制度创新、组织机构改革等手段提升国家创新系统的综合水平，在较短时间内实现技术赶超，该观点为一些缺乏技术优势的国家提供了借鉴和参考。弗里曼在后续的研究中还将国家创新系统的概念分为广义和狭义两种，以上的论述接近于狭义的国家技术创新系统，而广义的概念则还包含知识创新系统。

不同于弗里曼，纳尔逊以美国为研究对象，分析了资本主义国家关于技术创新的制度安排，指出国家创新系统在制度层面上的内容十分复杂，包括政府、企业、教育机构、金融机构的各自独立运行及相互作用。纳尔逊通过对美国国家创新系统的分析，总结出了美国国家创新系统的主要特征：一是政府很少对创新直接投资；二是企业特别是高科技企业的技术创新活动十分频繁；三是美国的 R&D 活动大部分与国防有关。美国正是通过独特的制度设计来维持技术所有权在企业和政府之间的平衡，该设计既能够保证私人企业有足够的创新动力，也能够在宏观层面保证技术创新成果得以推广和应用。纳尔逊将以美国为对象的实证研究所得出的结论进一步扩大为资本主义国家创新系统的特点，即技术创新的动力是新技术所带来的市场及利润；新技术的来源广泛、彼此之间独立且互为竞争关系；技术创新效果很大程度上取决于市场选择。受纳尔逊的影响，部分学者采用对比分析的方法对不同的国家创新系统进行了类似研究。

佩特尔和帕维蒂同样认同对技术创新的投资力度不同是造成各国技术差距的显著原因这一观点，他们将国家创新系统概括为能够影响一国技术水平和竞争力的结构和激励制度，并认为该理论可以指导政府进行技术创新投资的决策。具体地，激励制度是针对某些由于技术的外部性导致的市场失灵现象所进行的激励活动，如基础教育补贴、研发活动支持等，企业内部的教育和培训则没有包括在其中。

OECD 认为，国家创新系统理论的发展能够反映出人们对知识所带来的经济效益的重视。一方面，该理论中产出的知识或者技术是提高一国经济实力和国际竞争力的关键；另一方面，将技术创新与知识创新相结合的国家比单纯依靠技术创新推动经济的国家拥有更强大的创新储备，也更利于技术赶超或者技术领先。OECD 还指出，创新是包括企业、大学、研究机构、中介组织、政府等在内的不同主体之间综合而复杂的过程，其作用方式也多种多样，包括：企业之间的作用，企业、大学、研究机构之间的作用，以及知识和技术由科研机构向企业的转移等。如果希望降低市场失灵程度，那么政府应该进一步发挥协调引导作用，加强各主体的联系与合作。

第四节　金融发展对技术创新的影响机制

企业层面的技术进步与技术创新是现代经济发展的主要源泉与核心动力，然而企业的技术创新过程十分复杂，需要一个足够强大的金融体系来启动、维持和维护该过程。Greenwood、Jovanovic、Perez、Carpenter 等认为，金融体系的改进可以促进银行体系、征信体系、社会信息系统的完善，从而实现调整经济结构和优化资源配置的目标。

金融体系中虽然对融资形式有不同的安排，但对技术创新的影响都是通过其四个基本功能产生作用的，即信息处理功能、风险分散功能、资源配置功能和公司治理功能（见图2-3），而这刚好可以解决企业在技术创新过程中面临的信息高度不对称、创新风险较高、缺乏创新资金、有效监管不足等主要困难。因此，本节从金融功能的视角对金融发展对技术创新的影响机制进行深入研究。

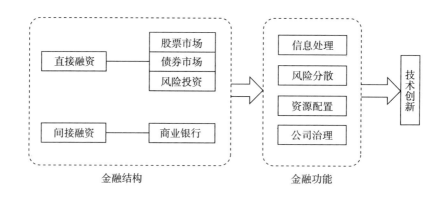

图2-3　金融发展对技术创新的影响机制

资料来源：笔者自行整理绘制。

一、信息处理功能与技术创新

由于技术创新是一个充满风险的过程，因此当存在投资机会时，只有风险偏好者才可能投资该项目。而如果该项目的资金完全通过内部筹集，企业家单凭直觉很难注意到这一机会，也仅有少数人能够成功。金融市场的出现改变了这一局面，企业家可以通过供求关系形成的价格信号和其他非价格信号等信息来分析甄别，从而大大提高了发现投资机会的概率，也为技术创新项目提供了更为广阔的空间。金融市场是各种资本流动和交易的市场，在这个过程中可以释放出关于资本价格的信号对未来的预期,这些信息可以引导资本家对当前的市场形势和投资机会做出判断,从而决定资金流向,促进经济增长。

潜在投资者在技术创新项目筛选过程中遇到的主要困难之一就是与技术创新主体相比存在很严重的信息不对称。在这种情况下,很难对该项目作出科学合理的评估,往往也难以说服潜在投资者对创新项目或者创新主体进行投资。而金融体系有效推动技术创新的要点之一,就是能够降低甚至消除融资过程中的信息障碍。

金融体系之所以能够促进双方信息对称,一方面在于金融体系自身在监督企业行为、获取创新项目信息方面形成了明显的规模经济,这会使其信息成本有所降低;另一方面,在强有效的金融市场中,价格信号可以反映出很多交易投资信息,从而帮助理性投资者们做出是否将资金投向技术创新项目的决策。此外,各个金融机构的工作具有专业性,例如,贷款评估可以在一定程度上说明创新企业或者创新项目的现状和贷款机构对其前景的预期,会在无意中对投资者的投资行为产生影响。金融体系的其他功能大都建立在其对信息不对称的缓解和处理上,因此信息处理功能是金融体系的基本功能之一。

Diamond(1984)提出"委托监督理论",他认为,由于储蓄者过于分散而造成的监督成本浪费可以通过金融机构得以避免,将金融机构视为诸多储蓄者的代理,对借款企业统一监督,可以有效提高监督效率,并进一步减少"搭便车"行为。道和戈登(Dow and Gorton,1997)将金融市场上的信息分为前瞻性信息和后顾性信息,前者是指在投资行为发生之前帮助投资者做出准确判断的信息,有利于提高公司未来价值;后者是指在决策做出并得以实施后市场上其他交易者对该决策的反应,有利于提升公司治理水平。无论是金融机构还是金融市场,信息处理的目标都是引导资金流向回报率更高的地方,提高资源配置效率,这就要求所有待选项目的风险收益等信息都得以充分披露。

(一)商业银行与信息处理

相比普通项目,技术创新项目更加复杂且更加专业,涉及的信息和问题更加多样，如技术风险、市场前景、收益预期、管理机制等，这是个体投资者通过自身努力无法解决的，更不用说后续对于项目的评估、决策等，而金融中介的出现能够有效地解决这些问题。金融机构特别是商业银行在处理信息方面具有两个显著优势：规模经济与信息垄断。利兰和派尔（Leland and Pyle，1977）通过建立"利兰—派尔"模型指出了金融机构擅长处理信息的两个原因：一是由于金融机构的资产私有程度较高，出售受到限制，因而不用考虑在信息生产过程的外溢；二是信息完全是通过资产价格反映出来的，因此可以通过对资产的合理定价提高信息的可信度。Diamond（1984）的"委托监督理论"也认为，即使考虑到金融机构本身的信息成本，让其代理进行监督仍然是规模经济的，同时他还提出银行可以通过专业化技能掌握企业的部分内部信息，而这些信息是外部投资者无法观察到的。Boyed 和 Prescott（1985）指出，金融服务可以降低信息的收集成本。Greenwood 和 Jovanovic（1990）首次在AK 类型的内生增长模型中引入金融机构，并证实了金融机构对收集整理信息的重要性。King 和 levine（1993）则是在熊彼特增长模型的基础上考虑金融机构的作用，他们侧重金融机构识别信息的过程，并且考察了金融机构如何利用信息引导资金流动方向并实现提升技术创新水平的目标。从这个角度来看，金融机构可以通过信息处理功能促进国民经济增长。Allen 和 Gale（2000）指出，在促进技术创新方面，金融机构和金融市场是互补关系而非替代关系。

本书借鉴 Greenwood 和 Jovanovic（1990）构建的模型来对金融机构的信息处理过程进行具体说明。他们将可供投资者选择的技术按照风险及回报率的不同分为两种：高风险技术（如企业自主研发的技术）和低风险技术（如模仿创新的技术），并对其生产函数做出假设：

对于低风险低回报的技术，其生产函数为 $y_L = \alpha \cdot I_{t-1}$；对于高风险高回报的技术，其生产函数为 $y_H = (\beta_t + \vartheta_t) \cdot I_{t-1}$。其中，$\beta_t$ 表示普遍存在于所有技术中的干扰因子，相当于技术回报率，ϑ_t 表示高风险技术所特有的干扰因子。潜在投资者可以观察到联合冲击因子 $\beta_t + \vartheta_t$，但无法单独观察到 β_t 或者 ϑ_t。

在没有商业银行的情况下，单个投资者无法收集到足够的信息来推测 β_t 的准确分布；然而，商业银行的加入使收集信息的整体水平得到明显提升，它可以在可供选择的技术创新项目中随机选择 N 个项目给予信贷支持，根据大数定律得出这些项目组合的平均收益率为 $\beta = \dfrac{r}{N} \cdot (\beta_t \cdot N + \sum_{n=1}^{N} \vartheta_{tn})$。其中，(1－r)代表银行运营费用比重，r 即为去掉运营成本后的收益部分比重。此时投资者就可以根据商业银行公开的 β 来做出自己的投资决策。只要 $\beta > r \cdot \alpha$，也就是商业银行的平均回报率高于投资者本人对低风险技术的回报率，投资者就可以将当前投资转向高风险、高回报的项目，这样商业银行就完成了引导资金流向优质项目的任务。

（二）资本市场与信息处理

由于股票市场上的信息披露制度较为严格，因此会充斥着五花八门的上市公司信息，而信息处理能力强的投资者就可以利用他们的知识技能在这些杂乱的信息中捕获他们所需要的信息并通过交易股票来获利，由此可以看出，证券价格的变化可以反映出有关创新项目或者创新企业的信息。

本书参考 Allen（1993）和赵茂（2017）的模型及思路对此进行说明。假设进行技术创新活动的企业 i 根据其拥有的信息集 Φ_i 做出决策 Θ_i，进而决定企业的价值 $V_i = V(\Phi_i, \Theta_i)$。由于信息分布较为分散且存在信息不对称的情况，企业家所拥有的信息集可以进一步表示为 $\Phi_i = \Phi_T + \varepsilon_i$，$\Phi_T$ 为真实信息集，ε_i 为随机干扰项（ε_i 具有相互独立且 $E\varepsilon_i = 0$ 的性质）。如果企业家得到完全真实的信息集 Φ_T，那么企业会实现其真实价值 $V_T = V(\Phi_T, \Theta_T)$，此外将企业的最优价值设为 V_E。

ε_i 的存在使企业实际价值 V 和真实价值 V_T 之间存在差异，只有在信息对称的完全竞争市场中，两者才会相等。在信贷市场中，商业银行的贷款决策往往是基于某一个或者某几个角度的分析判断得出的，因此信息具有片面性和局限性，考虑到缺失的信息可能对于技术创新项目的决策起到至关重要的作用，

所以 Φ_i 和 Φ_T 的差距不一定能够有效减少，在此基础上进行的投资决策也不是最优的。对比信贷市场的"一元审查"模式，股票市场的信息处理模式偏向于"多元审查"。也就是说，当股票市场上存在某一项目时，所有对该项目有兴趣的投资者都会根据自己的信息集 Φ_i 做出决策，不同的决策及信息都会反映在资产价格之上，因此就某一单个投资者而言，他可以获得所有其他投资者的价格信息及部分非价格信息，这相当于获得了一部分信息租金，因此对该投资者而言，他所拥有的信息集会更加接近真实的信息集 Φ_T，因而也更能够做出接近最优的投资决策。对于企业而言，管理者可以利用来源于投资者的众多反馈来提高经营管理效率，促使本企业股票在资本市场上传递的信息更加逼近真实信息 Φ_T，进而使企业的价值逐渐向其最优价值 V_E 靠拢。

在实践中，不同的金融机构通过发挥各自的优势来应对信息不对称难题，例如，银行会要求企业提供征信信息，而上市公司则被要求公开财务状况，而由于股票市场的资本流动性更强，更能够刺激创新主体主动搜寻有效信息，在扩张资金规模的同时也能使技术创新项目得到监督管理，进而帮助企业优化资源配置，不断发展壮大。

（三）信贷市场与资本市场在信息处理上的对比

虽然信息处理是金融体系的基本功能之一，但不同的处理方式造就的结果是不同的，典型的例子就是商业银行和股票市场，两者分别是间接融资方式和直接融资方式的代表。这两种金融结构基于不同的理论框架，在对信息处理的机制与效果上也存在一定差异。商业银行的信息处理功能主要是基于金融中介理论，储蓄者将其存款放入银行，随着银行将存款贷给企业，所有储蓄者与银行实质上构成了一个利益共同体，也就是说银行作为众多储蓄者的代理人，在己方工作人员的专业化审查下选择贷款企业。在这种模式下，所有的储蓄者都是不发声的，贷款决策仅由银行做出，因而可以节约大量信息成本和监督成本，而对大量储蓄者来说，尽管他们承担了风险也享受到了投资收益，但在整个过程中都是完全不知情的。这种信息处理模式被称为"单元审查"，参与者看似很多，但绝大多数参与者并未实际参与到审查过程中。

相比商业银行，股票市场的信息处理过程更为复杂，实际参与方也更加多元化，被称为"多元审查"。股票市场上存在着大量的信息驱动交易者，该群体认为他们具有别人不具备的信息优势，并且可以利用这种优势通过买卖股票来获得利润。信息驱动交易者的存在使上市公司的隐性信息不断被发现、传播并利用，这会对证券价格的起伏产生影响。除价格信息之外，股票市场上还存在着交易量、并购计划等非价格信息，"多元审查"就是基于这种信息内容丰富、信息更新迅速、参与决策者众多的情况下进行的。一般而言，技术创新过程越复杂，关于该项目的信息就越多变，此时各个参与方往往会形成不统一的意见，并将这种意见通过买卖股票的行为传达出来，更甚者会通过争夺企业控制权来将他们的判断付诸行动。就此而言，股票市场传递处理信息的方式更为激烈，这对于技术创新这种高度不确定性的活动是更加有效的。原因在于在技术产生的初期，关于新技术的争论数量不多且见仁见智，股票市场可以使这些各执一词的人依据各自的分析结果进行投资与否的决策，这样一方面可以检验技术是否具有市场前景，另一方面也可以通过信息交流有针对性地对技术进行改进。当技术成长到一定规模时可考虑通过银行体系获取间接融资支持。

二、风险分散功能与技术创新

从企业的角度来看，技术创新作为一项富有创造性的活动，其过程中会充满各种不确定且难以控制的因素，给技术创新主体带来很难独自承担的高风险。特别是对于在高科技企业成立初期形成的新技术和新产品来说，由于没有经过市场的检验，因此会面临更高的失败概率，再加上大部分人对新生事物缺乏了解所带来的严重信息不对称，使该企业更加难以获得外源融资。从投资者的角度来看，投资者可以通过将资本投资于风险小收益低的项目上或者多元化投资来达到规避或降低风险的目的，如果没有金融中介和金融市场的参与，第二种方式会迫使投资者进入他并不熟悉的领域亲自考察项目优劣，这样随着待投资项目的增多，规模经济性也会逐渐下降。相反，如果存在金融中介和金融市场，投资者可以直接投资部分证券产品，金融中介进行资金汇集和资金再分配的工作，从而将众多投资者的资金投入不同的项目企业中，在降低风险的同时也实现了规模经济，更提高了资金的整体配置效率和投资回报率（Greenwood and Jovanovic，1990）。

金融体系的风险分散功能是指金融体系可以将经济活动中的既定风险进行转移和分散，其结果可能是不同的投资者共同承担风险，也可能是投资者在不同时期承担风险。诸多金融风险中最重要且影响最广的是流动性风险，其主要受交易成本和信息不对称的影响，有效地管理流动性风险是为风险较高、期限较长的技术创新项目提供资金支持的基础。高回报往往意味着投资期限较长，这对普通的储蓄者而言往往难以接受，而流动性较差的资本也不利于高风险项目的实施，技术创新项目更是如此。这就需要金融体系运用银行、证券、基金、风险投资等多层次的融资渠道，结合项目、企业、储蓄者、投资者的个体特征合理规划、灵活配置，争取通过提供多样且分散化的服务来提升流动性、降低风险。

Allen 和 Gale（2000）首次提出金融风险分担理论，并将其分为横向风险分担（Gross-Section Risk Sharing）和跨期风险分担（Intertemporal Risk Sharing）。选择横向风险分担的投资者可以通过金融市场中的资产组合来达到规避非系统性风险的目的，而跨期风险分担主要是依托银行部门的储蓄投资模式，利用跨期平滑的方法来实现规避系统风险的目的。Diamond 和 Dybvig（1983）通过"D-D"模型分析了银行通过不同的储蓄期限来实现风险跨期转换机制，Levine（1991）指出，股票市场交易可以有效降低流动性风险，随后King 和 Levine（1993）进一步发现金融发展对技术创新的促进表现之一是通过吸引不同投资者加入创新项目来横向分散风险。Fuente 和 Martin（1996）认为，投资公司为客户提供风险评估和咨询服务，保险公司通过风险实现收益，期权期货则是通过套期保值来转移风险，正是由于金融体系对于风险的应对手法多种多样，才能有效地实现风险分散的目的，从而引导资源的合理配置。

（一）商业银行与风险分散

Bencivenga 和 Smith（1991，1992）、Levine（1997）利用内生增长模型分析资本流动性，证明了信贷市场的风险分散功能有利于经济增长。投资者可以通过商业银行提供的"跨时平滑"方式分散风险，而商业银行可以根据不同时期的均衡来避免资产价格大幅度升降，从而在时间序列上对风险和收益进行平滑处理，使自身积累流动性较强、风险较低的资产，也可以起到鼓励投资者投资的作用。

由于商业银行独特的存贷款业务，可以将管理的风险直接转化为本机构的风险，之后再通过各种方式管理这些风险。具体的流程是：大量分散的储蓄者将资金存储在商业银行中，银行将这部分资金集中管理，并分为两部分，少部分是出于居民的流动性需求必须保留的库存现金及其他流动性较强的资产，大部分是用于投资的待发贷款。一方面，这样的安排可以充分利用居民的闲散资金获取投资收益；另一方面，这样的安排有效地扩充了企业的融资渠道，降低了企业对内源融资的依赖性，提升了企业家创新的主动性。总体而言，信贷市场发挥风险分散功能的基础是能够进行存贷款业务的商业机构，资本市场则相反，其核心要素是流动性较高的证券产品，买卖双方可以通过交易行为实现风险的转移和分散。

（二）资本市场与风险分散

Diamond（1967）、Levine（1991）先后证明了资本市场的流动性可以促进经济增长，随后 Saint-Paul（1992）进一步指出，该作用产生的原因主要在于资本市场可以分散投资者的风险。他认为专业设备除提高生产率之外也提高了生产过程中的不确定性，保守的投资者会选择风险低的技术设备，从而导致技术专业化程度不足。金融发展意味着产生了不同的金融工具、金融机构和金融制度，可以充分利用这些资源来分散投资风险，进而引导投资者选择高技术含量的生产企业，长期来看推动了经济的发展。King 和 Levine（1993）认为，多元化购买技术创新企业所发行的固定股票，一方面可以分散降低风险，另一方面也能够带动社会的创新积极性，加速经济增长。Greenwood 和 Smith（1997）在一般跨期替代模型中增添了技术创新因素，以此来说明信贷市场和资本市场在促进经济增长方面的异同和替代作用。Allen 和 Santomero（2001）指出，金融市场可以为投资者提供横向风险分担，帮助投资者个人通过分散投资组合的方式来对冲异质风险（Hedge Idiosyncratic Risk）。

三、资源配置功能与技术创新

一般来说，参与技术创新的主体主要有企业、个人、大学及科研机构，在众多主体进行创新技术生产、扩散、应用的全程都需要资金的投入，在此可将技术创新过程中的资金按照来源不同分为国家专项拨款、企业自有资金、银行贷款及发行股票或者债券获取的资金。对于达到一定规模、资金力量雄厚的大型企业而言，不仅能够通过内部资金来进行技术创新或改进，也可以通过商业银行和资本市场获得外源融资支持；对于中小企业、个人、大学或科研机构而言，除少许自有资本和争取国家经费外，很难充分利用信贷市场或证券市场获得足够资金，因此他们只能选择一些渐进性的技术改进如技术模仿，难以实现重大技术突破。可以看出，这部分群体在传统金融服务模式下并不具有优势，需要借助金融创新的力量来摆脱这一困境。

资金配置是金融体系资源配置功能的一个重要组成部分。根据白钦先（1998）的分析，金融资源不仅包括资本，还包括其他与资本联系紧密的其他要素，以及这些要素相互作用的过程。根据金融资源理论，金融资源主要包括四部分：一是由广义的货币资金构成的资金或资本；二是商业银行、证券公司、保险公司、基金管理公司等金融机构；三是金融系统发挥的整体性功能；四是确保金融体系功能得以良好运转和有效发挥的金融制度。按照资金流向和作用阶段的不同，可将金融体系的资源配置功能概述为四个方面：一是储蓄者（投资者）通过存贷款等金融服务或股票债券等金融工具的交易将自身的多余资金转移到资金需求方。需要说明的是，该过程中资本还处于货币的周转状态而非转化为产业资本。二是资金需求方通过实际生产将这部分金融资源转化为实体经济的一部分，同时金融体系引导金融资源更多地进入效益好的企业。三是完善的金融制度在上述金融资源的流动和转化过程中起到了重要的制度支持作用。四是通过金融资源的合理配置进一步优化其他社会资源的配置情况。简而言之，金融体系的资源配置功能可以将分散的资金聚集起来，重新分配到更有效率的企业中，并通过配置金融资源推动其他配套资源的优化与升级，提升整个社会的综合生产力水平。

根据上述分析，金融体系应包括金融工具、金融机构、金融市场、金融制度等基本要素，资源配置功能的实现也是通过各要素的相互作用、彼此影响实现的。根据资源配置主体的不同，可将资源配置行为分为两类，即以政府部门为主体和以金融市场为主体，这两类在作用机制、影响层次、调控目的等方面都有显著区别。

（一）政府部门作为资源配置主体

政府部门作为资源配置主体是指以中央银行和银监会、证监会、保监会等金融监管机构为主体从国家宏观层面调控货币供应量和金融制度等金融资源。其中，中央银行可以通过法定准备金率、票据再贴现、公开市场操作等货币政策工具调节基础货币，进而控制信贷市场中的流动资金，间接影响技术创新活动中的资金支持。除上述金融调控职能之外，中央银行还兼有公共服务职能和金融监管职能。政府部门还可以通过完善金融制度、改进金融体系、设立法律法规的方式规范市场参与者的行为，降低金融体系中的各种风险，确保金融活动的有序展开，为确保金融资源有效配置提供良好的制度保障。

政府及相关部门对金融资源配置的作用，更多地表现为一种"信号"，通过宏观层面的调控引导和制度安排，虽然无法像金融机构一样细致具体，但是对技术水平的提升起到"牵一发动全身"的作用。此外，金融资源在各地区和各部门之间的配置也受到政府宏观调控的影响，并进一步影响着各个经济主体对金融资源的拥有量。比如说如果产业结构优化需要对某产业加大扶持力度，那么政府相关部门可以对该产业给予一定程度的信贷优惠和政策支持，以此来鼓励企业技术创新，也可以刺激金融机构加大信贷支持，共同推动产业升级。通过类似的对产业层面的金融资源配置，促使各要素在实体经济各领域内形成最优配置；而各生产要素在地区层面的空间调整和优化，则需要在地区层面配置金融资源。

（二）金融市场作为资源配置主体

金融市场作为资源配置主体，主要包括间接融资的信贷市场和直接融资的资本市场，涉及商业银行、证券公司、保险公司、基金管理公司、信托公司、风险投资机构等金融机构和股票、债券、保单等金融工具。这类主体在金融体系的资源配置过程中发挥着不可替代的作用，一方面，这些金融机构通过其自身提供的金融服务对资金进行重新分配，促使资金向拥有优质项目但缺乏资本的"资金需求方"流动，推动实体经济的发展；另一方面，这些金融机构是政府实现宏观调控目的的过渡桥梁。政府出台的金融政策、金融制度都需要这些金融机构的广泛参与才能够落到实处，产生实际影响，因此金融市场及其相关的金融机构在资源配置中占据核心地位。

信贷市场主要进行的是间接融资，可以简单概括为商业银行将众多储蓄者的分散资金进行汇集和重新分配的过程。其间接性体现在投资方和被投资方并没有直接协商，而是通过银行的储蓄业务和资产业务完成资金的中转，实现资金在不同时空的有效配置。商业银行作为存款方和贷款方的中介，通过专业化经营降低了投资者的信息成本和投资风险，也为从事技术创新的企业提供了融资平台，使其更加专心地投入技术创新过程中。

与信贷市场不同，资本市场则相当于为资金需求方和资金供给方提供了一个当面谈判的平台，双方通过在资本市场上的产品交易完成资金转移。资本市场作为重要的金融中介，不仅可以帮助供需双方确定交易价格和交易数量，也能帮助潜在投资者发现投资机会和其他非价格信息，引导资金流向更有效率的优质企业，有利于积累生产资本和提高产出能力。对初创期或者规模较小的企业，创业板市场和天使投资、风险投资等金融中介也为它们提供了获取资本支持、分散投资风险的平台，"择优筛选"的市场评价机制不仅能够鼓励企业努力提高生产水平、扩大经营规模，也会提醒其不要过于激进冒险以免由于一时失误被淘汰掉。

四、公司治理功能与技术创新

在技术创新的整个过程中，创新主体可能会面临金融风险、市场风险、技术风险等多种风险，同时由于信息不对称及所有权和控制权分离等原因也会给投资者带去各种风险。短期来看这些风险会降低投资者的投资热情，长期来看会严重阻碍社会整体的技术创新和生产水平。此时金融机构作为重要中介，需要充分发挥约束和监控的功能。约束措施主要是指取消贷款、降低授信额度、下调信用等级等惩罚机制，监控措施则是指金融机构对企业进行技术创新或者日常经营活动的监督过程，此时就相当于金融机构承担了代理监控者的职能。本书按照青木昌彦（1998）的观点，将监督按时间分为事前监督、事中监督、事后监督，以分别解决逆向选择、道德风险和确实性承诺等问题。金融体系发挥公司治理功能的关键在于利用自身优势，及时获取真实准确的信息，降低双方信息不对称程度，推动技术创新的实现。

（一）商业银行与公司治理

商业银行在公司治理方面的显著优势在于它可以通过贷前审查等手段发掘企业深层信息，从而减少逆向选择带来的负面影响。戴蒙德（Diamond，1984）曾通过受托监管模型证明商业银行作为金融中介有利于节约监管成本，这是由于商业银行在该过程中充当了"代理人"的角色，避免了众多投资者的重复行为，其受托监管成本比各投资者各自进行监督所形成的监督成本之和小。另外，随着商业银行的贷款客户增多，这一优势会有所减弱。

（二）资本市场与公司治理

与信贷市场上投资者接受银行方对企业的监督反馈信息不同，资本市场上的投资者可以亲自参与到监督过程中，按照其监管机制的不同可以分为主动型监督和被动型监督。主动型监督又被称为"用手投票"，指投资者参加股东大会并行使股东权利，就企业的重大决策和管理人员任免等事项进行投票表决；被动型监督又被称为"用脚投票"，指当公司的决策或者经营情况不符合自我预期时，投资者通过出售股票的行为向公司表达不满，同时向市场发出信号来引起其他投资者的关注。此外，资本市场在设立激励机制方面有独特的优势，即可以通过将报酬与企业业绩挂钩的方式激励投资者和企业管理层积极经营，商业银行则只能按照既定合同获得固定收益，激励效果有限。

第三章　中国金融发展促进技术创新的特征化事实

第一节　中国金融发展历程及现状

一、中国金融发展历程

1948 年 12 月 1 日中国人民银行的建立标志着我国金融体系的诞生，自此我国金融体系伴随着经济体制改革先后经历了计划经济时期的缓慢发展和改革开放以来的快速发展。整体而言，我国对金融的管制有所放松，金融创新化有所加强，并进一步深化金融自由化。具体地，我国金融发展主要可以分为取缔市场与缓慢发展（1948~1977 年）、恢复市场与初步发展（1978~1991 年）、试办市场与扩张发展（1992~2000 年）、开放市场与接轨发展（2001~2011 年）、调整市场与创新发展（2012 年至今）五个阶段。

（一）取缔市场与缓慢发展（1948~1977 年）

1948 年中国人民银行在河北省石家庄市正式成立，同日发行了第一套人民币。随后于 1949 年 5 月开始旧币兑换工作，并在开国大典前基本完成旧币回收工作。到 1951 年底，人民币成为中国唯一合法货币，在除西藏、台湾以外的全国范围流通（西藏自 1957 年 7 月 15 日起正式流通使用人民币），这意味着我国拥有了自己的货币体系，为国民经济发展提供了强有力的货币支撑。1951 年 5 月，中国人民银行总行召开了第一次全国农村金融工作会议，会议要求在农村普遍建立银行机构、发放农业贷款的同时，重点试办农村信用合作社，通过组织资金、调剂余缺，帮助农民解决生产生活困难，抑制、取代高利贷活动。该会议不仅为我国农村金融发展指明了道路，对我国整个金融体系也产生了深远影响。此后，农村信用社如雨后春笋般出现，中国人民银行的各级分支机构也先后建立，为国民经济建设提供了金融支撑，也为后续计划经济时期的资源统一配置提供了调度平台。

随着我国逐步进入计划经济时期，资源要素分配方式产生了巨大变化，与之联系紧密的金融体系也发生了翻天覆地的变化，具体表现在金融组织机构、金融监管形式、金融业务办理等，都围绕高度集中转变。中国人民银行是办理存贷款业务的唯一指定银行，所有国有企业的贷款业务都在财政部、商业部（现已撤销）、中国人民银行三者的共同安排下进行。在这样高度统一的运作下，我国于"一五"计划末达到了所有信用统一到国家银行的目标。在 1966 年 5 月至 1976 年 10 月的"文化大革命"期间，人们的意识形态有一些改变：利息被认为是资本主义的重要剥削手段，因此银行开始鼓励无息存款，这严重降低了人民的存款热情；外汇业务被看作为外国资本家服务的手段；保险业务被视为资本主义国家对我国的剥削，这些都对当时的金融业务产生了巨大冲击。此外，银行机构集中合并成为服务于政府部门的特定部门，严重影响了国内金融机构开展金融业务及发挥金融功能。这一局面直到 1977 年才得到改善，通过对银行机构的大力整顿，我国银行系统基本恢复正常秩序，银行服务质量有所提高，为恢复国民经济建设发挥了重要作用。

综合来看，这一时期我国金融体系具有两个显著特点：一是取缔了自由金融市场。当时我国的发展战略是优先发展重工业，并以此为契机实现后发赶超，因此严禁私营企业发行股票或债券，在新中国建立前的金融机构的基础上进一步清理，最终取缔了自由金融市场。二是调整金融机构，建立完全由国家调控存贷的金融体系。当时虽然也存在中国银行、中国建设银行、中国农业银行等商业银行，但它们并不是现在这样能够独立提供金融服务，而是只能作为中国人民银行的某个职能部门处理特定业务。因此，当时的中国人民银行既承担着中央银行的职能，也承担着商业银行的职能，完全掌控着国家的货币资金与货币业务，是最重要的资金管理部门。

在计划经济时期，这样以中国人民银行为核心的金融体系便于国家统一调拨资金支持重点项目，也为当时以工业为核心的经济体系提供了必要的资金保障，具有重要的时代意义。但不可否认的是，该金融体系的融资渠道过窄，完全不能满足现代化经济体系的需求。特别是随着经济的不断发展，我国的经济结构复杂多变、投资需求进一步扩大，单一的融资渠道会大大地降低投资效率。另外，高度集中的金融体系会带来金融功能发挥受限、金融创新活力降低、金融体系发展缓慢等问题，与经济社会高速发展不相匹配，严重阻碍了我国经济社会发展，并衍生出通货膨胀、信用风险加剧等问题。

（二）恢复市场与初步发展（1978～1991年）

1978年之前，我国只有中国人民银行这一家银行，该银行甚至在"文化大革命"期间被短暂并入财政部。可以说，当时中国并不存在真正意义上的金融体系。1978年，中华人民共和国第五届全国人民代表大会第一次会议召开，将中国人民银行从财政部中独立了出来，这标志着中国金融体系开始逐渐恢复。1979年开始，经济体制改革拉开序幕，中国银行、中国农业银行、中国工商银行、中国建设银行先后被设立、恢复或独立。1980年，我国首家城市信用社在河北省挂牌营业，并在全国范围内引发了成立城市信用社的热潮，各地纷纷组建城市信用社，为城市非国有经济的发展提供了有力支撑。

国民经济的快速发展和经济改革的持续深化对中国金融体系提出了更高的

要求，需要后者进一步提高金融效率、优化资源配置。1983 年 9 月，国务院发布了《关于中国人民银行专门行使中央银行职能的决定》，规定中国人民银行专门行使中央银行职能，并决定成立中国工商银行专门承担信贷业务，这项举措被视为我国形成现代金融体系的开端。这一时期我国银行业取得了令人瞩目的成就。1987 年，中国交通银行——我国首家股份制商业银行开始重新营业。1987 年，中信银行正式成立，这是我国首家由企业设立的银行；同年，深圳发展银行也开始营业，这是我国首家由企业和地方金融机构共同设立的区域性商业银行。这些商业银行的规模虽然不如"四大"国有商业银行，但是具有产权形式多样、业务类型灵活的优点，它们与"四大"国有商业银行、数目众多的城市信用社和农村信用社共同构成了多层次的银行业格局。

在银行业金融机构蓬勃发展的同时，信托公司、投资基金、租赁公司、财务公司等非银行金融机构也先后建立并努力抓住机遇发展。1979 年 10 月，中国国际信托投资公司正式成立，这是我国首家信托投资公司。以此为契机，中央政府、地方政府和各个金融企业家纷纷开始组建信托投资公司，带动了一阵信托热潮。1981 年 4 月，中国东方租赁公司正式成立，标志着融资租赁业开始在我国发展。1987 年，中国银行和中国国际信托投资公司共同设立"中国投资基金"，标志着我国对投资基金业务的初步探索。1990 年 11 月，法国东方汇理银行（Crédit Agricole Corporate and Investment Bank）在我国建立了"上海基金"，这是我国首只共同基金，意味着我国对外资准入的限制有所放松。此外，1981 年开始，我国"江浙沪"地区出现了一些"地下"的资金拆借活动，这意味着非国有企业的资金支持和金融服务有所欠缺，为后续的金融创新创造了机会。

在这段时期内，我国的金融市场也开始逐步恢复。之所以是"恢复"而非"诞生"，是因为早在 1949 年以前，我国在上海、天津、北京、武汉和青岛等地就已经建立了股票交易所，只是在社会主义改造过程中被关闭，证券市场也随之消失。直到 1981 年，政府为了弥补财政赤字决定恢复发行国库券，金融市场才再次出现。1983 年，一些国有银行开始通过发行金融债券来补充资金，"三大"政策性银行也相继发行了自己的债券，甚至还有金融机构一度发行过特种金融债券以偿还由于回购不规范债券造成的非经常债务。1984 年 11 月 8 日，上海飞乐音响股份有限公司成立并发行股票，该股票成为改革开放后第一只真正的股票，标志着我国资本市场的形成。

债券和股票的发行催生了证券买卖市场，1986 年 9 月，上海建立首个证券柜台交易点，并办理上述提到的飞天音响股票的发行、代购、代销业务，这是我国证券市场规范化交易的开端。1987 年，深圳首家证券公司——深圳经济特区证券公司成立。1988 年，上海首家证券公司——万国证券公司成立。1990 年 11 月 26 日，上海证券交易所成立，这是新中国成立以来首家在内地成立的证券交易所。1991 年初，深圳证券登记有限公司成立，标志着我国金融市场翻开了崭新的一页。到 1991 年底，随着传统金融市场的恢复和新兴金融市场的兴起，我国货币市场和资本市场均得到初步发展，逐渐形成了多元化、多功能的金融市场。

（三）试办市场与扩张发展（1992~2000 年）

上海证券交易所和深圳证券交易所挂牌成立后，特别是 1992 年邓小平同志南方谈话后，全国各地出现了"证券热"和"股票热"，之后十年，金融市场尤其是证券市场通过"试办"的方式进一步扩张发展，与此相关的金融监管体系、分业监管制度也在此期间建立起来。

1990 年成立的股票市场称为 A 股市场，是指人民币普通股票发行、交易的股票市场，也是我国股票市场的代表。在此基础上，上海证券交易所于 1992 年设立 B 股市场，它是以人民币标明面值，以外币认购和买卖，在境内（上海、深圳）证券交易所上市交易的。1993 年 7 月，香港联合证券交易所挂牌上市发行了青岛啤酒厂的股票，这标志着 H 股股票的诞生。至此，我国金融市场股票分为 A 股、B 股、H 股，大大丰富了股票产品类型，提高了股票市场活力。1994 年，山东华能发电和华能国际电力在纽约证券交易所上市，被称为 N 股。

证券市场在摸索中前进，而在 20 世纪 90 年代重新恢复的债券市场也在不断发展，主要表现为债券产品更加多元化，如 1991 年 8 月发行的"琼能源"是我国第一只可转换企业债券。然而，由于我国债券市场基础较弱，缺乏集中托管和统一结算机制，所以在 20 世纪 90 年代初出现了国家信用被冒用、投资者合法权益得不到有效保护、市场运行成本居高不下、金融风险加大等问题。为整顿债券市场，保证市场安全高效运行，中央国债登记结算有限责任公司（以下简称"中央结算公司"）在 1996 年应运而生，承担起债券统一登记、托管和结算的职能。该公司不仅实现了债券登记和结算的电子化，还开发出一套专门用于债券发行和公开市场操作的系统，极大地便利了中国人民银行的公开市场业务，提高了我国债券市场的发展速度，完善了债券相关的制度框架。

20 世纪 90 年代的证券市场，一方面极大地刺激了市场活力，释放出了巨大的市场能量，带来了"试办"时期的繁荣发展；另一方面，由于"试办"现象频发，产生了市场秩序混乱、盲目扩张等问题。因此，国家开始有意地调整证券市场的发展步伐和发行规则。自 1996 年起，中央对新股上市采取"总量控制、限制家数"的政策，并且侧重对高新技术产业和基础产业的支持。此外，针对新股发行方式，在 1992 年以前，认购证（预约单、抽签表）为限量发售，主要为定点或银行发售，之后凭证摇号抽签，1992 年以后，认购证采购无限量发售，但仍存在发售时间长、认购量不确定、认购成本高等不足。为了进一步优化认购证发售制度，证监会在 1993 年将无限量发售认购证与储蓄存款挂钩；1996 年，证监会再次规定新股发行可采用上网定价、全额预缴款、与储蓄存款挂钩等方式；2000 年，又在此基础上增加了向法人配售这一方式。

金融市场的不断发展和非传统金融机构的建立对金融监管体系提出了更高的要求。为对金融业务和金融活动进行更加合理的监管，1992 年 10 月我国成立了国务院证券委员会和中国证券监督委员会（以下简称"证监会"），开始对证券业实施更加专业化的监管。1993 年 12 月，国务院颁布了《国务院关于金融体制改革的决定》，次年国务院集中采取了一系列金融监管措施，对中央银行体系、商业银行体系、金融组织体系、金融市场体系、外汇管理体系以及金融宏观调控体系等进行了全面改革。1994 年，政府设立了国家开发银行、中国进出口银行、中国农业发展银行三大政策性银行，标志着我国政策性银行体系的建立。总体来看，我国在该时期所进行的金融体制改革取得了一些成果：一是政策性业务和商业性业务的分离，前者交由新成立的政策性银行处理，后者交由国有专业商业银行处理；二是确立了银行业、证券业、信托业分业经营和分业监管的原则，尤其是 1998 年中国保险监督管理委员会的成立标志着我国分业监管的进一步完善；三是发布施行了《中华人民共和国证券法》《中国人民银行法》《商业银行法》《中华人民共和国保险法》《中华人民共和国票据法》等一系列用于规范金融机构业务和金融活动的基本法规，意味着我国金融体系逐步向规范化、法制化靠拢。

（四）开放市场与接轨发展（2001~2011 年）

跨入 21 世纪后不久，中国加入世界贸易组织（WTO）。对于我国而言，借助 WTO 可以加快对外开放、实现"引进来"和"走出去"的双向发展；对于世界各国而言，随着我国的综合国力日益增强，与我国加强交往不仅对其经济社会的发展有所助益，而且我国作为"负责任大国"也有助于维护全球经济运行秩序。2003 年召开的中共十六届三中全会通过了《关于完善社会主义市场经济体制若干问题的决定》，进一步推动了我国资本市场的发展。以加入世界贸易组织为契机，我国的对外开放开始由"政策性对外开放"向"制度性对外开放"转变，并加快了经济全球化和金融全球化的步伐。2001~2011 年，我国金融市场开放程度大大提高，逐步与世界接轨。

2004 年底，政府动用外汇储备分别向中国银行和中国建设银行注资 225 亿美元。2005 年 6 月，政府又动用 300 亿美元外汇储备和 300 亿美元等值人民币为中国工商银行注资。之后我国政府继续以外汇储备的形式向主要金融机构注资，覆盖范围十分广泛，不仅包括商业银行，也包括证券公司、保险公司等非银行金融机构。2006 年 6 月和 7 月，中国银行分别在香港、上海两地上市。同年 10 月，中国工商银行在香港和上海两地同时上市，此后各证券公司和保险公司也纷纷上市，完成了财务重组和战略投资者的引进。可以看出，我国国有金融机构的改革在这一时期取得了令人瞩目的成绩。同时，我国金融机构吸收资金的渠道也逐渐多样化，除首次公开发行之外，金融机构还可以采用增发股票、发行混合资本债券的方式补充资本金。在此基础上，依托商业银行、证券公司、保险公司、大型集团等建立的基金管理公司也先后成立，促进了我国金融机构业务的综合化。

2003 年，中国人民银行职责之一的银行监管职能被分离出来，交由新成立的中国银行业监督管理委员会（以下简称"银监会"）负责，这标志着我国"分业经营、分业监管"的金融制度框架最终确立。在此基础上，我国金融监管根据国际实践不断调整并力求专业化。就银行业监管而言，我国选择《巴塞尔协议Ⅰ》和《巴塞尔协议Ⅱ》作为我国银行业监管的主要标准，与此对应，资本和风险是银行监管的核心内容，随后我国银行业再次做出重大调整以接近国际标准。证券业监管则逐步形成了以保护投资者利益、完善上市公司治理结构、提高透明度为核心的管理制度。保险业监管也以保证偿付能力为目标确立了以市场准入监管、公司股权变更监管、公司治理监管等为主要内容的监管框架。

2004 年 1 月，国务院发布了《关于推进资本市场改革开放和稳定发展的若干意见》。2005 年 4 月，证监会发布了《关于上市公司股权分置改革试点有关问题的通知》，由此股权分置改革正式开始。试点工作首先从金牛能源、三一重工、清华同方、紫江企业四家企业开始，随后又增加了第二批试点企业，基本覆盖了大型国企、民营企业、中小企业等不同类型。随着几轮股权分置试点工作的开展与股权分置改革的不断深化，A 股进入全流通时代，持股比例不同的股东利益差距有所减小，我国股票流动性显著提高，证券市场的公信力也明显增强。

（五）调整市场与创新发展（2012年至今）

2012年，受经济危机与欧洲债务危机的影响，世界经济仍旧处于衰退过程中，而中国却通过经济转型和不断改革实现了经济"软着陆"，但考虑到较高的通货膨胀、持续上升的劳动成本，加快经济结构优化升级仍存在一系列问题，整体国民经济运行仍有压力。2013年11月召开的党的十八届三中全会明确了今后一段时期内我国改革开放的方向，标志着我国的改革开放迈入全面深化新阶段。同时，为了贯彻落实党的十八大关于全面深化改革的战略部署，中央出台了《中共中央关于全面深化改革若干重大问题的决定》，明确提出要"完善金融市场体系"。自此，中国金融市场在创新引领下开始了新一轮管理变革和自我调整。

2013年12月31日，全国中小企业股份转让系统正式设立并开始运行，该系统的成立拓宽了民间投资和中小企业融资渠道，是加快我国多层次资本市场建设发展的重要举措。2015年11月，证监会发布《关于进一步推进全国中小企业股份转让系统发展的若干意见》，明确指出"加快发展全国股转系统，对于健全直接融资体系，服务实体经济发展，推动经济结构转型升级，促进大众创业万众创新，具有战略意义"。同时，还对审查工作的效率和透明度、完善主办券商制度和多元化交易机制、实施全国股转系统内部分层和差异化管理、发展和培育机构投资者队伍、加强投资者权益保护工作、加强市场监管等方面进行了深入指导。2015年6月，为推动保险资金运用市场化改革，中国保险投资基金正式设立。该基金采取有限合伙制，主要是向保险机构募集，并以股权、债权等方式开展直接投资或者作为母基金投入国内外各类投资基金，主要投向国内外重大建设项目，如城市基础设施、重大水利工程、国际产能合作和"一带一路"等。

党的十八届三中全会之后，"十三五"规划纲要指出，要完善债券发行注册制和债券市场基础设施，加快市场互联互通，稳妥推进债券产品创新。根据中央国债登记结算有限责任公司发布的统计数据，2019 年，债券市场共发行各类债券 27.04 万亿元，同比增长 19.65%。其中，在中央结算公司登记发行债券 15.31 万亿元，占比 56.62%；上海清算所新发债券 7.21 万亿元，占比 26.67%；交易所新发债券 4.52 万亿元，占比 16.72%。除传统债券外，其他金融产品也不断创新。2013 年 2 月，融资融券业务开始进行转融券试点工作；经证监会批准，国债期货于 2013 年 9 月 6 日正式挂牌交易；2014 年 4 月，我国首只期货私募基金——"东航金融种子一号资产管理计划"进行了首笔交易。

2013 年 11 月 30 日，证监会发布《关于进一步推进新股发行体制改革的意见》，新股发行注册制改革由此开始。2014 年 5 月，为进一步拓宽投融资渠道，健全多层次资本市场体系，国务院发布了《关于进一步促进资本市场健康发展的若干意见》，开始启动我国资本市场的新一轮改革。2016 年 3 月，全国人大常委会决定实施为期两年的股票发行注册制，其中组织领导工作由国务院负责，制定具体配套规则及监管事项由证监会负责。相比核准制，注册制的市场化程度更高，更加侧重信息的公开披露。其最重要的特征是：在注册制下证券发行审核机构只对注册文件进行形式审查，并不进行实质判断。2019 年 6 月 13 日，上海证券交易所推出科创板，并试点注册制，这是国家创新驱动发展战略的具体实施，标志着我国资本市场体系进一步完善，具有里程碑式的意义。该市场的上市公司主要是科技创新型的企业，如信息技术、高精尖设备、互联网、新能源等方面的企业。自成立以来，科创板个股股价呈现出大幅度提高态势，极大地推动了科技型企业的发展。2020 年 3 月，新《证券法》正式实施，这标志着我国资本市场已明确将全面推行注册制。2021 年 4 月 6 日，经中国证监会批准，深交所主板和中小板合并，中小板完成历史使命正式退出历史舞台。2021 年 9 月，2021 年中国国际服务贸易交易会在北京开幕，会上宣布将继续支持中小企业创新发展，深化新三板改革，设立北京证券交易所（以下简称"北交所"），打造服务创新型中小企业主阵地。设立北交所是中国特色资本市场发展的关键一环，与上交所、深交所形成了行业与企业发展阶段上的差异互补，以及良性竞争，中国特色的资本市场将向着更加市场化、法治化、国际化的方向发展。

另外值得一提的是，经过我国政府多年来在人民币国际化方面的不懈努力，2015 年 11 月 30 日，货币基金组织（IMF）决定将人民币纳入特别提款权（SDR）货币篮子，人民币成为继美元、欧元、日元、英镑后特别提款权中的第五种货币。这说明我国的综合国力已得到较高的认可度，我国在全球金融领域占据着重要地位。此外，为进一步促进投资便利化，中国人民银行发布了《关于进一步便利跨国企业集团开展跨境双向人民币资金池业务的通知》，进一步推动了人民币国际化进程。

纵观我国金融体系形成发展的几十年，特别是改革开放以来的 40 余年，可以看出我国金融市场经过停滞、恢复、摸索、改革、调整等阶段，基本形成了涵盖货币市场、资本市场、外汇市场、黄金市场的金融市场体系，为我国的经济发展和企业改革发挥了重要作用。

二、中国金融发展现状

（一）银行业

2020 年，新冠肺炎疫情席卷全球，各经济体都遭受了不同程度的冲击，全球经济整体出现负增长，中国成为全球主要经济体中唯一实现经济正增长的经济体，彰显出强大的经济活力和韧性，为"十四五"时期经济的高质量发展奠定了良好基础。得益于政策支持和经济稳定增长，中国银行业总体稳定向好，各类金融机构实现稳健发展。2021 年末，银行业金融机构总资产和总负债分别达 344.76 万亿元和 315.28 万亿元，分别增长 7.8% 和 7.62%。值得一提的是，尽管我国国有大型商业银行（中国工商银行、中国农业银行、中国银行、中国建设银行、交通银行、中国邮政储蓄银行）资产占比有所下降，但截至 2021 年末，其总资产占银行业金融机构资产总额的比重仍高达 40.1%。后疫情时代，中国疫情控制得力，经济率先复苏回升，中国银行业主要指标表现持续改善。2021 年全年，商业银行累计实现净利润 2.2 万亿元，同比增长 12.60%。

从银行业主要业务来看，银行业的资产规模增长较快，资产负债规模稳步扩张，经营态度总体稳健向好。截至 2021 年末，商业银行总资产合计 288.59 万亿元，比上年同期增长 8.6%；商业银行总负债合计 264.75 万亿元，比上年同期增长 8.4%；此外，商业银行资产质量稳中向好。截至 2021 年末，商业银行不良贷款余额 2.85 万亿元，不良贷款率为 1.73%，同比下降 0.11 个百分点；拨备覆盖率 196.91%，同比上升 12.44 个百分点。从贷款投向看，银行业不断加大对实体经济的支持力度，信贷结构持续优化，重点加大对制造业、绿色金融、普惠小微等重点领域和薄弱环节的支持，为实体经济转型发展提供有力支撑。2021 年上半年，各项贷款新增 13.5 万亿元。其中，制造业贷款增加 1.7 万亿元，涉农贷款增加 3.03 万亿元；科研技术贷款同比增长 23.7%，主要银行绿色信贷增加超过 1 万亿元；普惠型小微企业、民营企业贷款较 2021 年初分别增长 16.4%、8.6%。此外，银行业中间业务稳中有升，传统中间业务依然占据主导地位。2020 年，主要商业银行的中间业务收入保持稳步增长，全年实现手续费及佣金净收入 7903.35 亿元，同比增加 519.41 亿元；手续费及佣金净收入占营业收入的比重为 11.33%，同比增加 0.34 个百分点；不同类型银行机构的传统中间业务的发展方向相对清晰，大型商业银行以结算及清算类业务为主，股份制商业银行银行卡类业务优势明显，城商行及农商行代理委托类收入占比较高。

从银行机构数量来看，根据中国银行保险监督管理委员会于 2021 年 8 月公布的最新的银行业金融机构法人名单，截至 2021 年 6 月 30 日，银行业金融机构法人共 4608 家，与 2020 年末的 4604 家相比增长了 4 家。民营银行、城市商业银行、农村商业银行、农村合作银行、农村信用合作社、村镇银行的数量分别为 19 家、133 家、1539 家、27 家、641 家、1637 家，可以看出我国中小银行数量增长明显，市场份额持续扩张，市场竞争更加激烈。

（二）证券业

目前我国资本市场已形成主板、科创板、创业板、北交所、新三板及区域性股权市场等多层次资本市场体系，各板块和市场功能定位明确，层层递进，错位发展，形成支持处于不同成长阶段和不同类型企业创新发展的资本市场体系；同时我国不断加强制度建设，正在稳步有序地推进注册制，提高资本市场活跃度和流动性，实现资产的优化配置。

从证券市场规模来看，截至 2021 年末，我国境内上市公司数共 4697 家，较 2020 年末增加 502 家；包含 A 股、B 股在内的流通股本共计 69108.77 亿股，较 2020 年末增加 4645 亿股；股票市价总值为 99.11 万亿元，同比增长 14.03%；A 股流通市值为 75.03 万亿元，同比增长 16.76%。新三板方面，2021 年末挂牌公司数为 6932 家，较 2020 年末减少 1255 家；总股本和流通股本分别为 4597 亿股和 2833 亿股，较 2020 年末分别减少 13.85% 和 11.70%。

从证券公司发展情况来看，2021 年全行业 140 家证券公司实现营业收入 5024.10 亿元，实现净利润 1911.19 亿元。截至 2021 年末，证券行业总资产为 10.59 万亿元，净资产为 2.57 万亿元，较上年末分别增加 19.07%、11.34%，体现出了稳健增长的行业业绩和不断增强的资本实力。

从证券行业服务实体的成效来看，2021 年证券公司共服务 481 家企业完成境内首发上市，同比增加 87 家；融资金额达到 5351.46 亿元，同比增长 13.87%，服务实体经济和居民财富管理能力持续增强。其中，在科创板首发上市的"硬科技"企业有 162 家，融资 2029.04 亿元；在创业板首发上市的成长型创新创业企业有 199 家，融资 1475.11 亿元。两板首发上市家数占全年 IPO 家数的 75.05%，融资金额占全年 IPO 融资总额的 65.48%，引导资本有效支持科技创新。2021 年证券公司共服务 527 家境内上市公司实现再融资，同比增加 132 家；融资金额达到 9575.93 亿元，同比增长 8.10%。2021 年证券公司承销债券 15.23 万亿元，同比增长 12.53%。2021 年证券行业实现投资银行业务净收入 699.83 亿元，同比增长 4.12%。

（三）保险业

从整体来看，我国保险业保持了稳健发展势头，继续向高质量发展转型。2021 年，保险业累计提供风险保障金额 12146.20 万亿元，较 2020 年增长 39.45%。与此同时，承保业务规模有所收缩，原保费收入 44900.17 亿元，同比下降 0.79%。

从险种来看，寿险保费收入为 23572 亿元，同比下降 1.71%，占比为 52.50%；健康险保费收入为 8447 亿元，同比增长 3.36%，增速有所放缓，占比为 18.81%；财产险保费收入为 11671 亿元，同比下降 2.16%，占比为 25.99%。与 2020 年末相比，健康险保费收入占比提高了 0.75 个百分点，对保险业的业务贡献日益突出。

从资金运用来看，我国保险业资产业务平稳发展。2021 年末，我国保险业资产总额达 24.89 万亿元，同比增长 6.82%。保险资金运用余额 23.23 万亿元，其中银行存款和债券合计占比达 50.31%，股票和证券投资基金合计占比达 12.70%，其他投资占比达 36.99%。

在支持重点领域发展方面，保险业持续将其保障功能和投资优势最大化发挥出来，为实体经济发展提供了有力支撑。在农业保险方面，据全国农业保险数据信息系统初步统计，2021 年，我国农业保险保费规模为 965.18 亿元，同比增长 18.4%，为 1.88 亿户次农户提供风险保障共计 4.78 万亿元。其中，中央财政拨付保费补贴 333.45 亿元，同比增长 16.8%。此外，大力发展科技保险，助力新产业和新技术发展。2020 年，首台（套）重大技术装备保险提供风险保障 513 亿元，重点新材料首批次应用保险提供风险保障 190 亿元，科技保险为 2155 家企业提供了超 3635 亿元风险保障。在绿色保险方面，2018 ~ 2020 年，保险业累计为全社会提供了 45.03 万亿元保额的绿色保险保障，支付赔款 533.77 亿元，有力发挥了绿色保险的风险保障功效。2020 年，绿色保险保额达到 18.33 万亿元，绿色保险赔付金额 213.57 亿元，年均增长 28.77%，高于保费年均增长 6.81 个百分点。

第二节　中国技术创新历程及现状

一、中国技术创新历程

经过 40 余年的改革开放，我国的技术创新水平有了整体提升，并且在国民经济建设中发挥了重要作用，因此技术创新发展和经济社会发展的发展历程具有很高的相似性。总体来看，我国技术创新先后经历过外源型创新、本地化创新、内源型创新、全方位创新四个阶段。

（一）外源型创新阶段（1978~1991 年）

外源型创新是一种技术导向型的创新模式，指为快速提高研发能力直接获取外源技术，并在此基础上通过二次创新的方式进行吸收、整合和应用，将外源技术内部化，逐步形成良性的自我增强创新途径。由于外源型创新具有资金投入较少、研发周期较短、成功率较高等优点，因此受到广大规模较小、研发团队较弱的企业青睐。

1978 年召开的党的十一届三中全会正式拉开了我国从计划经济体制向市场经济体制改革的序幕。随着我国进一步加大对外开放程度，努力改善现有条件和创造新条件，促使各种资源积累源泉逐渐由国内扩大至国外，在有效缓解资源约束的同时也扩展了市场，因此我国轻工业迅速发展起来，形成了以加工贸易为主要产业的开放型市场布局。由于当时我国技术基础薄弱，政府出台了大量以鼓励引进先进技术、促进技术改造和产品更新换代为主要内容的政策。

这一时期的技术创新主要获利于两方面：一是国有企业和民营企业共同繁荣发展。一方面，多次的放权让利让国有企业渐渐从原有的纯生产型企业转为生产经营型企业，促使其缓慢地走向市场经济。另外，考虑到国有企业重资产的经营特点和设备产品比较落后的现实特征，政府专门出台了《关于推进国有企业技术进步若干政策的暂行规定》（国发〔1985〕21号），促使国有企业改变以新建企业作为扩大再生产的主要方式，而是通过引进国外先进技术改造国内落后技术，并逐步提升自我发展和自我创新能力。另一方面，民营企业的经济社会地位得到很大提升，获得自主经营权的企业充分发挥其体制机制灵活的优势，在市场中抓准机会进行技术改造。二是外资企业或者合资企业的出现与发展。对外开放政策让国内企业家们直观地感受到我国与发达国家之间存在的巨大差距，意识到了来自外部的技术威胁，于是部分企业开始从外部引进先进技术和人才以提高技术水平。尤其是在工业较为落后、创新资源相对匮乏的东南沿海地区，当地政府出台了大量政策以引导企业家从各个科研机构挖掘人才和技术，同时因外资企业进入而形成的技术外溢也为国内企业家提供了众多学习机会，极大地提高了我国技术创新的速度。这一时期，国内的创新需求逐渐由全套设备向人才和技术转变，而人才和技术的引进促进了企业产品的多样化，也构成了外源型创新的制造基础。此外，在提升创新能力、扩大生产规模的过程中，部分企业放弃贴牌生产，开始注册自主品牌，由此诞生了海尔、联想、华为、吉利等知名品牌。

（二）本地化创新阶段（1992~2001年）

1992~2001年，我国在全球价值链上的分工有了明显变化，依靠体制机制优势来增加产业附加值、实现产业升级成为该时期的主要目标。同时，随着市场化水平不断提升，引进技术的国产化能力也显著增强，在市场导向下的本地化创新是这一时期我国技术创新的主要特征。

在1992年初的南方谈话中，邓小平同志提出"科学技术是第一生产力""经济发展得快一点，必须依靠科技和教育"。这一重要思想对中国20世纪90年代的经济改革、技术进步、社会进步起到了关键性的推动作用。在这种背景下，中国企业纷纷主动参与国际合作与竞争，同时充分利用国内外市场和不同资源来实现创新资源和生产资源的合理配置，力求促进本国科学技术水平的发展与创新能力的提高，发挥科学技术第一生产力的作用，加大对外开放和体制改革的力度。政策导向上，也开始从鼓励技术引进转向鼓励国产化和改进型创新，更加注重市场的作用，因此政策制定的对象也具有产业针对性，如铁道部《机车技术改造管理办法》、能源部《关于印发〈加快技术改造、推进技术进步的意见〉的通知》、对外经贸经济合作部《关于印发〈技术引进和设备进口贸易工作管理暂行办法〉的通知》。此外，国家开始强调加强建设以企业为中心的技术创新体系以推动技术进步和产业升级，进而增强对产业结构调整的全球趋势和国内外变动的适应能力。

这一时期，虽然我国科技基础仍然较弱，但整体具备了独立进行科技创新的意识，研究与试验发展经费支出占国内生产总值的比重持续增加。这一时期，经过十几年的改革开放，我国行政性管理力度逐渐减弱并消除，工业经济管理体制逐渐脱离指令性计划，各地方、各企业的自主性有了明显提高，工业经济所有制结构发生显著变化。企业改革进一步深化后，全国国有企业数量有所减少，个体经济、私营经济、外资经济等非公有制经济迅速发展，我国经济主体和市场活力得到显著提升。考虑到民营企业已经逐渐发展成为加速科技创新的主要力量，1999 年后，国家加大了对民营企业的政策扶持力度，例如，科技部和国家经济贸易委员会联合制定的《关于促进民营科技企业发展的若干意见》，以及科技部和财政部联合制定的《关于科技型中小企业技术创新基金的暂行规定》，都对当时的民营企业的技术进步和科技创新提供了指导意见和有力支持。此外，国家还专门成立了一些领导小组，并出台了《促进科技成果转化法》，通过立法的形式促进科技成果的商用化。

综合技术创新的前两个阶段来看，中国经济在快速发展的同时仍然存在一些问题：一是受到土地、能源、环境、要素成本的约束，需要改变之前粗放型发展方式；二是产业附加值低、布局松散，经济增长主要是通过资源消耗，经济结构不合理；三是对外依赖性较高，受全球经济环境影响较大。因此我国迫切需要转变经济发展方式，这就意味着创新发展模式、调整产业结构势在必行。

(三) 内源型创新阶段 (2002~2007 年)

内源型创新是以内源技术为核心进行创新的发展模式,内源技术是指基于企业自身资源和组织结构产生的原创和革新型技术,可以直观反映出其创新能力。广义的内源型创新不仅包括技术创新,还包括制度创新、组织创新等管理创新的过程。例如,阿里巴巴和华为就为技术人员和管理人员专门设立了特定的股票期权激励计划,将员工的个人利益与企业的整体利益相连接,有效地激励了员工的工作热情和创新积极性。

中国于 2001 年加入世界贸易组织,意味着我国经济全球化进程进一步加快,我国企业的技术创新也迎来了新的机遇。2002~2007 年,我国企业在"自主创新战略"的引导下自觉贯彻落实科学发展观,各地政府在"科教兴国战略"的指引下纷纷出台加快民营企业特别是民营科技型企业发展的政策,持续加强产学研合作,进一步优化创新资源配置,共同推动我国经济向新型工业化转型,因此该阶段的技术创新格外强调"自主",是一种内源型技术创新。

2006 年 1 月,中央在全国科学技术大会上提出将"自主创新,重点跨越,支撑发展,引领未来"作为今后十五年我国科技工作的指导方针,更加明确加强自主创新是我国科技发展的战略基点这一观点,会议还部署实施了《国家中长期科学和技术发展规划纲要 (2006—2020 年)》。此后,各地纷纷将科技创新与经济社会发展紧密结合,进一步提高技术创新与体制创新的契合度,综合衡量市场需求和政府引导,科学选择原始创新和模仿创新,在改造提升传统产业的同时注重发展高新技术产业。为加大对企业自主创新的支持,国家出台了一系列财税政策和管理办法,如财政部和国家税务总局联合发布的《关于扩大企业技术开发费加计扣除政策适用范围的通知》和《关于企业技术创新有关企业所得税优惠政策的通知》、财政部发布的《自主创新产品政府首购和订购管理办法》和《自主创新产品政府采购评审办法》。此外还有一些政策鼓励技术引进与自主创新相结合,通过增强企业综合创新能力来提高其核心竞争力。在政府的扶持下，这一时期的自主创新工作取得了可喜的成就，企业的创新主体地位得到明显加强，创新资源活力大大增强，创新要素配置更加合理，创新成果转化更加便捷，科技进步水平指数不断提高，为我国全面建设小康社会、加快推进社会主义现代化提供了科技支持。

（四）全方位创新阶段（2008 年至今）

2008 年之后，随着经济一体化与经济全球化的趋势不断增强，世界经济格局发生着日新月异的变化，这对中国既是挑战也是机遇。在开放的"全球创新模式"中，企业不是单独的个体，而是整个经济生态系统的有机组成部分，对处于同一系统中的其他企业具有一定影响。在这种情况下，华为、联想、海尔等制造业代表企业和阿里巴巴、腾讯、百度等服务业领军企业纷纷开始部署全球化战略，它们根据各自的属性和特征调整战略，力求达到创新战略与资源禀赋互相匹配的目标。2016 年 5 月召开的全国科技创新大会提出了"三步走"的战略目标，即到 2020 年进入创新型国家行列，到 2030 年跻身创新型国家前列，到 2050 年建成世界科技创新强国。

一方面，越来越多的中国企业"引进来""走出去"，在持续开放中加快增长动能转换、促进产业升级。外资规模不断增加的同时，我国对境外的投资也在持续扩大，数量和金额都有明显增长。同时，境内企业对境外高科技企业的并购为迅速提高技术水平、提高创新效率奠定了硬件基础。另一方面，西方发达国家为尽快走出金融危机带来的衰退，纷纷加大对网络信息技术的科研投入，互联网、物联网、云计算、大数据等现代制造业和服务业企业如雨后春笋般涌现出来，这标志着技术创新正在与商业管理模式创新交织在一起，共同构建出更加立体复杂的创新生态系统，创新更加全球化、多维化、无界化。因此，从政府角度来看，不仅需要关注创新资源在企业内部的分配和利用，也需要关注企业如何吸收和运用来自外部的创新资源，从而在动态变化的创新环境中整合资源，在演化发展的经济形势下进行技术创新活动。从企业角度来看，需要综合运用现代化的科学技术、生产方式、管理模式来满足多样化的生产需求和服务需求，这对扩大内需、调整产业结构、实现经济转型具有重要意义。在原有政策支持的基础上，政府又进一步加强了金融体系对企业尤其是民营企业技术创新的支持力度，而覆盖领域也开始由制造业企业扩展至服务业企业。可以看出，2008 年的全球金融危机过后，我国企业在国家创新驱动战略的指引下，正在努力完成从量变到质变的突破，从而实现全方位创新的追赶超越。

二、中国技术创新现状

资金和人力是科技活动和技术创新的源泉，一般而言，随着外部环境变化和时间推移，这些科技创新资源的配置方式也会随之发生变化，从而影响创新产出。国际上通常将科技财力投入规模和科研活动人员作为衡量一国科技水平的重要指标。基于此，本书根据科学研究与试验发展经费与 GDP 的比值（R&D 经费投入强度）以及研发人员数量对我国技术创新的国际比较、宏观趋势和区域特征进行说明。

（一）国际比较

根据《中国统计年鉴》可计算得出 2001～2020 年我国 R&D 经费占 GDP 的比重。经计算发现，R&D 经费投入由 2001 年的 1042.49 亿元上升至 2020 年的 24393.1 亿元，R&D 经费投入强度由 2001 年的 0.94% 持续上升至 2020 年的 2.40%，呈现出稳定增长的态势。然而，尽管 R&D 投入强度这一指标上升速度极快，但整体而言 R&D 经费占 GDP 的比重仍然偏小，说明我国对科技研发的资金支持力度依然偏弱，还有很大的发展空间。

仅就纵向对比分析我国科技研发经费投入情况是不够的，还需要将我国置于世界范围内进行比较。图 3-1 展示出了中国与主要创新型国家的 R&D 经费投入强度，可以看出：一方面，尽管我国历年 R&D 经费投入强度不断上升，但是依旧落后于美国、日本、韩国、德国等国家；另一方面，虽然个别年份我国与上述国家的差距有些扩大，但整体而言差距在缩小。

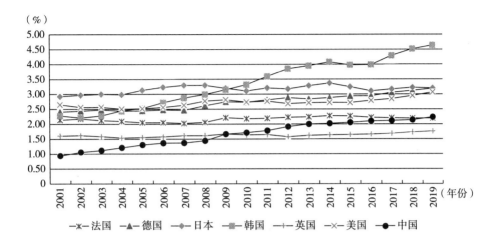

（%）

－×－法国　－▲－德国　－◆－日本　－■－韩国　－＋－英国　－×－美国　－●－中国

图 3-1　2001~2019 年中国 R&D 经费投入强度的国际比较

资料来源：OECD 数据库。

（二）宏观趋势

1. 财政科技支出变化

2020 年，受新冠肺炎疫情影响，当年部分财政支持科技项目出现了延迟或者暂缓执行的情况，导致国家财政科技支出出现了下降。根据全国财政决算数据，2020 年国家财政科技支出 10095.0 亿元，占公共财政支出的比重为 4.11%。从趋势上来看，2001~2020 年，我国财政科技支出从 703.3 亿元上升至 10095.0 亿元，占公共财政支出的比重由 3.72% 提高至 4.11%，如表 3-1 所示。具体地，2020 年中央财政科学技术支出 3758.2 亿元，占国家财政科学技术支出的比重为 37.2%；地方财政科学技术支出 6336.8 亿元，占比为 62.8%。由图 3-2 可以看出，自 2010 年地方财政科技支出首次超过中央财政科技支出后，两者差距逐渐增大，实现了从以中央财政为主导向以地方财政为主导的转变，说明各地方政府对当地科技创新给予了相当高的重视。

表 3-1　2001~2020 年我国财政科技支出情况

年份	国家财政科技支出（亿元）	中央财政科技支出（亿元）	地方财政科技支出（亿元）	科学技术支出（亿元）	其他功能支出中用于科学技术的支出（亿元）	财政科技支出占财政支出比重（%）	中央财政科技支出占中央财政支出比重（%）	地方财政科技支出占地方财政支出比重（%）
2001	703.3	444.3	258.9			3.72	7.70	1.97
2002	816.2	511.2	305.0			3.70	7.55	2.00
2003	944.6	609.9	335.6			3.83	8.22	1.95
2004	1095.3	692.4	402.9			3.84	8.77	1.96
2005	1334.9	807.8	527.1			3.93	9.20	2.10
2006	1688.5	1009.7	678.8			4.18	10.11	2.23
2007	2135.7	1044.1	1091.6	1783.0	352.6	4.29	9.13	2.85
2008	2611.0	1287.2	1323.8	2129.2	481.8	4.17	9.65	2.69
2009	3276.8	1653.3	1623.5	2744.5	532.3	4.29	10.84	2.66
2010	4196.7	2052.5	2144.2	3250.2	946.5	4.67	12.84	2.90
2011	4797.0	2343.3	2453.7	3828.0	969.0	4.39	14.19	2.65
2012	5600.1	2613.6	2986.5	4452.6	1147.5	4.45	13.93	2.79
2013	6184.9	2728.5	3456.4	5084.3	1100.6	4.41	13.33	2.89
2014	6454.5	2899.2	3555.4	5314.5	1140.0	4.25	12.85	2.75
2015	7005.8	3012.1	3993.7	5862.6	1143.2	3.98	11.79	2.66
2016	7760.7	3269.3	4491.4	6564.0	1196.7	4.13	11.93	2.80
2017	8383.6	3421.4	4962.1	7267.0	1116.6	4.13	11.46	2.86
2018	9518.2	3738.5	5779.7	8326.7	1191.5	4.31	11.43	3.07
2019	10717.4	4173.2	6544.2	9470.8	1246.6	4.49	11.88	3.21
2020	10095.0	3758.2	6336.8	9018.3	1076.7	4.11	10.71	3.01

资料来源：《中国科技统计年鉴》。

2. R&D 经费的构成状况

从我国 R&D 经费构成来看，主要来自四个方面：一是各级政府的财政科技拨款，包括但不限于科学技术基金、科学事业费及其他科技专项费用；二是企业自身的研究与试验发展经费，供企业内设的研发部门或者委托的外部科研机构使用；三是来自国外的研发资金，主要涉及跨国公司或者跨国合作；四是其他来源，如银行贷款等。

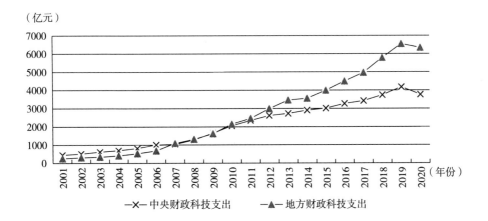

图 3-2 2001~2020 年中央财政科技支出和地方财政科技支出

资料来源:《中国科技统计年鉴》。

从图 3-3 可以看出,我国 R&D 经费的具体构成状况。可以看出,2003 年政府资金占全部 R&D 经费的 29.91%,2010 年占比为 24.02%,到 2020 年进一步下降至 20.34%;2003 年企业资金占全部 R&D 经费的 60.10%,2010 年占比为 71.69%,到 2020 年上升至 79.66%。2003~2020 年,政府 R&D 经费投入比例明显下降,而企业 R&D 经费投入比例则显著上升。

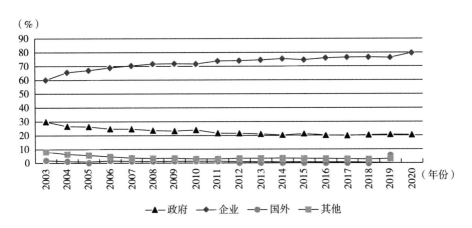

图 3-3 2003~2020 年我国 R&D 经费的构成状况

资料来源:《中国科技统计年鉴》。

从发达国家的实践经验来看，国家科研经费的构成通常需要经历"政府主导—政府企业共同主导—企业主导"的动态演化过程。虽然图 3-3 中的考察期内并未观察到政府主导的特征，但可以从我国改革开放之前的计划经济体制推断出在该时期我国的科研经费是在政府主导下按照计划拨付的。此后随着进一步对外开放及深化市场经济体制改革，各科研主体逐渐意识到结合市场需求进行创新的必要性，更加强调科研成果向实际生产力的转化能力，大学、科研机构与企业之间的互动日益增多，因此来源于企业的 R&D 经费持续上升，呈现出向企业主导转变的趋势。

　　3. R&D 经费的支出领域

　　根据 OECD 的相关定义，R&D 经费内部支出包括基础研究经费、应用研究经费及试验发展经费三类。表 3-2 列示了我国 2001~2020 年 R&D 经费的支出领域及占比情况。2001 年基础研究经费支出为 55.60 亿元，在全部研究与试验发展经费中占比 5.33%，到 2010 年经费支出的绝对数额上升至 324.49 亿元，但占比反而降至 4.59%，随着 2017 年经费支出达到 975.49 万元，比例逐渐恢复至 5.54%。事实上，虽然基础研究、应用研究、试验发展的经费绝对数额每年都有所增加，但其相对数值的变化却不完全一致。图 3-4 可以更加直观地体现出这一特点，与基础研究先降后升的趋势不同，应用研究在全部 R&D 经费中的比例则经历了先升后降的过程，在 2017 年仅为 10.5%；试验发展的占比情况则是由 2001 年的 76.93% 先降至 2004 年的 73.67%，继而在 2013 年升至 84.60%，之后又呈现缓慢下降的态势。

表 3-2　2001~2020 年我国 R&D 经费的支出领域及占比

年份	基础研究		应用研究		试验发展	
	经费支出（亿元）	占比（%）	经费支出（亿元）	占比（%）	经费支出（亿元）	占比（%）
2001	55.60	5.33	184.85	17.73	802.03	76.93
2002	73.77	5.73	246.68	19.16	967.20	75.12

续表

年份	基础研究		应用研究		试验发展	
	经费支出 （亿元）	占比 （%）	经费支出 （亿元）	占比 （%）	经费支出 （亿元）	占比 （%）
2003	87.65	5.69	311.45	20.23	1140.52	74.08
2004	117.18	5.96	400.49	20.37	1448.67	73.67
2005	131.21	5.36	433.53	17.70	1885.24	76.95
2006	155.76	5.19	488.97	16.28	2358.37	78.53
2007	174.52	4.70	492.94	13.29	3042.78	82.01
2008	220.82	4.78	575.16	12.46	3820.04	82.76
2009	270.29	4.66	730.79	12.60	4801.03	82.75
2010	324.49	4.59	893.79	12.66	5844.30	82.75
2011	411.81	4.74	1028.39	11.84	7246.81	83.42
2012	498.81	4.84	1161.97	11.28	8637.63	83.87
2013	554.95	4.68	1269.12	10.71	10022.53	84.60
2014	613.54	4.71	1398.53	10.74	11003.56	84.54
2015	716.12	5.05	1528.64	10.79	11925.13	84.16
2016	822.89	5.25	1610.49	10.27	13243.36	84.48
2017	975.49	5.54	1849.21	10.50	14781.43	83.96
2018	1090.37	5.54	2190.87	11.13	16396.69	83.33
2019	1335.60	6.03	2498.50	11.28	18309.50	82.69
2020	1467.00	6.01	2757.24	11.30	20168.88	82.68

资料来源：《中国科技统计年鉴》。

    通过与发达国家的 R&D 经费支出构成进行比较，可以看出我国对基础研究和应用研究的支持力度仍显不足。主要创新型国家的基础研究经费约占 R&D 经费的 15%~25%。1981 年以来，各国基础研究投入占研发总投入的比重均在 10% 以上，近 10 年来则在 15% 以上。① 与上述国家相比，我国在上述领域特别是基础研究领域还存在较大差距，这说明我国当前的科学技术研发活

---

① 资料来源：OECD。

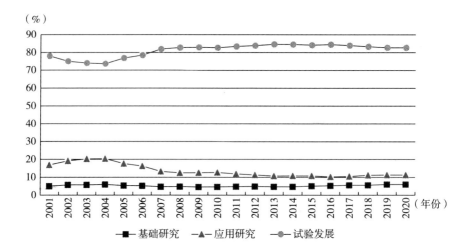

图3-4 2001~2020年我国R&D经费的支出占比趋势

资料来源:《中国科技统计年鉴》。

动过于重视试验与发展带来的市场利益,而薄弱的基础研究会对提升科技创新能力产生负面影响。此外,正是由于缺乏基础研究和应用研究,才造成了我国产业结构不合理、整体附加值较低的结果。因此,进一步调整经费结构是未来我国R&D经费改革的主要任务,也是我国实现经济转型、建设创新型国家的客观要求。

4. R&D人员投入

2000~2020年全国研究与试验发展(R&D)人员全时当量的绝对数及增长情况如图3-5所示。可以看出,在此期间虽然我国R&D全时当量由92.21万人年一路增长至523.45万人年,但增长率却呈现出很大的波动,特别是在2004~2010年经历了多次升降,又在2012~2015年迅速下降,随后开始缓慢上升。

5. 科技创新成果

2001~2020年,我国专利申请受理数由20.36万件增加至519.42万件,专利申请授权数由11.43万件增加至363.93万件,如图3-6所示。这与我国

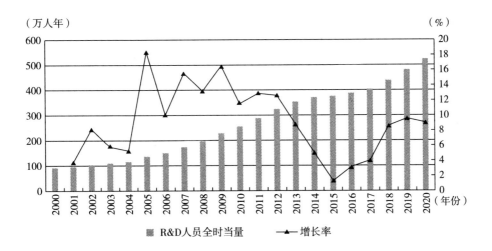

图 3-5 2000~2020 年中国 R&D 人员全时当量及增长率

资料来源:《中国科技统计年鉴》。

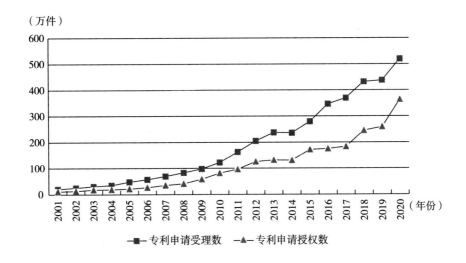

图 3-6 2001~2020 年中国国内专利申请受理数与授权数

资料来源:《中国科技统计年鉴》。

逐渐重视知识产权保护密切相关。知识产权战略的实施使得企业家和科研人员的知识产权意识有所提升,因此纷纷寻求专利保护。在授权标准没有较大改变的情况下，专利申请授权数和专利申请受理数的变动趋势会高度一致。产权意识的提高与知识产权保护制度的完善进一步激发了企业的技术创新活力。

全国技术市场成交合同金额是指全国技术合同成交项目的总金额，可以反映科技成果转化的规模。如图 3-7 所示，全国技术市场成交合同金额由 2001 年的 782.75 亿元持续增长至 2020 年的 28252.00 亿元，同时增长率则在 13%~36% 区间内频繁波动。科技成果转化规模持续扩大，这与我国加大科技创新投入及逐渐重视创新成果的商业化应用密切相关。

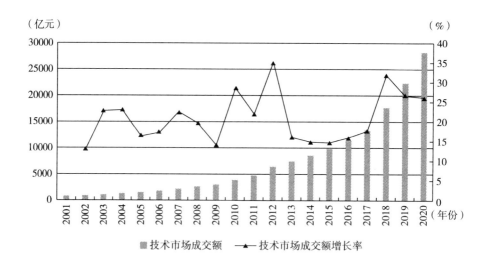

图 3-7　2001~2020 年全国技术市场成交合同金额及增长率

资料来源：《中国科技统计年鉴》。

（三）区域特征

表 3-3 显示了中国 31 个省级地区 2011~2020 年的研究与试验发展（R&D）经费投入强度。可以看出，各地区的 R&D 经费投入强度均呈现出不断增强的态势，同时彼此的差异也在不断扩大。从近 10 年均值来看，R&D 经费投入强度最高的 5 个地区是北京、上海、天津、江苏、广东，最低的 5 个地

区是西藏、海南、新疆、青海、贵州，北京的 R&D 经费投入强度相当于西藏的 25 倍。

表 3-3　2011~2020 年各地区研究与实验发展（R&D）经费投入强度

地区	2011 年	2012 年	2013 年	2014 年	2015 年	2016 年	2017 年	2018 年	2019 年	2020 年	均值
北京	5.76	5.95	5.98	5.95	6.01	5.96	5.64	6.17	6.31	6.44	6.02
天津	2.63	2.80	2.96	2.96	3.08	3.00	2.47	2.62	3.28	3.44	2.92
河北	0.82	0.92	0.99	1.06	1.18	1.20	1.26	1.39	1.61	1.75	1.22
山西	1.01	1.09	1.22	1.19	1.04	1.03	0.99	1.05	1.12	1.20	1.09
内蒙古	0.59	0.64	0.69	0.69	0.76	0.79	0.82	0.75	0.86	0.93	0.75
辽宁	1.64	1.57	1.64	1.52	1.27	1.69	1.80	1.82	2.04	2.19	1.72
吉林	0.84	0.92	0.92	0.95	1.01	0.94	0.84	0.76	1.27	1.30	0.98
黑龙江	1.02	1.07	1.14	1.07	1.05	0.99	0.90	0.83	1.08	1.26	1.04
上海	3.11	3.37	3.56	3.66	3.73	3.82	4.00	4.16	4.00	4.17	3.76
江苏	2.17	2.38	2.49	2.54	2.57	2.66	2.63	2.70	2.79	2.93	2.59
浙江	1.85	2.08	2.16	2.26	2.36	2.43	2.45	2.57	2.68	2.88	2.37
安徽	1.40	1.64	1.83	1.89	1.96	1.97	2.05	2.16	2.03	2.28	1.92
福建	1.26	1.38	1.44	1.48	1.51	1.59	1.68	1.80	1.78	1.92	1.58
江西	0.83	0.88	0.94	0.97	1.04	1.13	1.23	1.41	1.55	1.68	1.17
山东	1.86	2.04	2.13	2.19	2.27	2.34	2.41	2.15	2.10	2.30	2.18
河南	0.98	1.05	1.10	1.14	1.18	1.23	1.29	1.40	1.46	1.64	1.25
湖北	1.65	1.73	1.80	1.87	1.90	1.86	1.92	2.09	2.09	2.31	1.92
湖南	1.19	1.30	1.33	1.36	1.43	1.50	1.64	1.81	1.98	2.15	1.57
广东	1.96	2.17	2.31	2.37	2.47	2.56	2.61	2.78	2.88	3.14	2.53
广西	0.69	0.75	0.75	0.71	0.63	0.65	0.70	0.71	0.79	0.78	0.72
海南	0.41	0.48	0.47	0.48	0.46	0.54	0.52	0.56	0.56	0.66	0.51
重庆	1.28	1.40	1.38	1.42	1.57	1.72	1.87	2.01	1.99	2.11	1.68
四川	1.40	1.47	1.52	1.57	1.67	1.72	1.72	1.81	1.87	2.17	1.69
贵州	0.64	0.61	0.58	0.60	0.59	0.63	0.71	0.82	0.86	0.91	0.70
云南	0.63	0.67	0.67	0.67	0.80	0.89	0.95	1.05	0.95	1.00	0.83
西藏	0.19	0.25	0.28	0.26	0.30	0.19	0.22	0.25	0.25	0.23	0.24
陕西	1.99	1.99	2.12	2.07	2.18	2.19	2.10	2.18	2.27	2.42	2.15
甘肃	0.97	1.07	1.06	1.12	1.22	1.22	1.15	1.18	1.26	1.22	1.15

地区	2011 年	2012 年	2013 年	2014 年	2015 年	2016 年	2017 年	2018 年	2019 年	2020 年	均值
青海	0.75	0.69	0.65	0.62	0.48	0.54	0.68	0.60	0.69	0.71	0.64
宁夏	0.73	0.78	0.81	0.87	0.88	0.95	1.13	1.23	1.45	1.52	1.04
新疆	0.50	0.53	0.54	0.53	0.56	0.59	0.52	0.53	0.47	0.45	0.52

资料来源:《中国科技统计年鉴》。

第三节　中国技术创新的金融支持演进历程

改革开放之后,我国金融体系日益完善,金融功能显著提升,但是对科技创新的资金支持作用却落后于改革开放进程。纵观我国近 40 年的金融支持创新的实践历程,可将其分为三个阶段,分别是以科技贷款为突破口的起步阶段(1985~1995 年)、以创业投资为重要力量的完善阶段(1996~2000 年)、以建立综合金融服务体系为目标的大力推动阶段(2001 年至今)。

一、起步阶段(1985~1995 年)

20 世纪 80 年代到 90 年代中期,国有商业银行构成了我国金融体系的框架,而在金融体制改革之前,商业银行并不提供专门支持科技创新的贷款。直到 1984 年,中国工商银行湖北省襄樊市分行率先尝试为科学技术创新提供贷款,此后一年,中国工商银行将科技贷款业务推广至全国,成为国有商业银行中首家进行该项业务的银行。仅 1986 年当年就为总计 3700 多个科技创新项目发放了总额超 11 亿元的贷款。随着中国工商银行科技贷款业务的迅速发展,其他商业银行也先后设立了这项业务。此外,国家还在信贷计划中增加了科技研发项目,典型的有提升农村地区技术水平的"星火计划"、支持高新技术产业技术研发推广应用的"火炬计划"、促进计算机相关技术研发的"电子计算机开发与推广利用"项目。与此同时，中国人民银行将科技发展贷款项目纳入国家信用综合规划，以促进科技创新成果转化。这些项目的设立使商业银行的技术创新贷款种类更加多样，形式更加灵活，流程更加规范。到 1995 年底，五大国有银行共支持 60000 多项技术开发项目，累计发放技术贷款近 650 亿元。

这一阶段中，除国有银行发挥着主导作用外，一些非银行金融机构也相继成立，并充分利用其组织形式多元化和资本来源渠道多的优势为科技创新贡献力量。截至 1995 年底省级科技信用社、市级科技信用社、科技信托投资公司已发展到 29 家，共支持 2034 个科技项目，共融资 49 亿元，发放技术贷款 40.9 亿元；先后建立 7 个科技风险投资机构，为 249 个科技项目投资 3.9 亿元。此外，一些创新项目还通过科技债券的形式获得了资金支持。可以看出，这一阶段依然以商业银行的科技贷款为主，并且商业银行体系内部也是以开拓各自业务为主要目标。

二、完善阶段 （1996~2000 年）

金融体制改革的深化使我国金融体系的市场化进程进一步加快。银行体系内政策性业务与商业性业务逐渐分离，因此四大国有商业银行开始向自负盈亏、风险自担的现代化商业银行过渡。同时，公司股权制度的推进使得资本市场进一步发展壮大。信贷市场和资本市场的变化意味着金融体系的市场化程度有所提高，技术与金融之间的关系不再单纯依赖"政策倾斜"，创新企业和金融投资者更加注重创新项目本身的质量与前景。一方面，商业银行对技术贷款的支持力度减弱。由于前几年商业银行技术贷款规模增长过快带来了大量的信贷风险，因此技术贷款进入调整时期，不仅取消了技术开发贷款项目，也重新修改整合了技术贷款的内涵及技术中小企业的贷款指标。另一方面，政策性银行特别是国家开发银行对技术贷款给予了足够重视与支持。然而银行体系对技术贷款的支持在整体上仍然逐步弱化。

与此同时，商业化的风险投资（也称创业投资）悄然出现，并逐步发展成为服务于技术创新的重要金融力量。事实上，风险投资几乎是与科技贷款同时出现的，但是直到 20 世纪 90 年代后期才逐渐实现风险投资的大规模推广。1995 年 3 月，中共中央发布《关于科学技术体制改革的决定》，强调要尊重科学技术发展规律，从我国的实际出发对科学技术体制进行坚决的有步骤的改革，同时也指出"对于变化迅速、风险较大的高科技开发工作，可以设立创业投资给予支持"。同年，财政部与国家科委共同成立了中国第一个以创业投资为目的的股份制金融机构——中国新技术创业投资公司。1996 年，我国颁布了《中华人民共和国促进科技成果转化法》，其中第二十一条明确规定"科技成果转化的国家财政经费，主要用于科技成果转化的引导资金、贷款贴息、补助资金和风险投资以及其他促进科技成果转化的资金用途"。这是我国首次在法律中提到风险投资，从法律层面上确定了风险投资机构为科技创新研发、推广、应用和商业化提供资金支持的合法性。1998 年召开的全国政协九届一次会议提出了《关于尽快发展中国风险投资事业的提案》，在当时引起了较大反响。1999 年，国务院办公厅转发了科技部、国家计委、国家经贸委、财政部、人民银行、国家税务总局、证监会等部门制定的《关于建立风险投资机制的若干意见》，指出"风险投资（又称创业投资）是指向主要属于科技型的高成长性创业企业提供股权资本，并为其提供经营管理和咨询服务，以期在被投资企业发展成熟后，通过股权转让获取中长期资本增值收益的投资行为"。从此，我国风险投资进入商业化、规模化发展阶段。

三、大力推动阶段（2001 年至今）

在我国金融体系市场化和体系化发展的同时，国家创新体系理论、区域创新理论、部门创新理论开始出现。创新系统理论认为，国家、地区、行业的创新能力最终都集中体现于企业创新能力之上，而创新形成系统性的关键在于创新实体之间的沟通与互动。这就意味着任何单一的金融机构或者金融工具都无法为其提供全方位、全周期的金融服务，只有在财税政策、金融政策、产业政策、社会政策良好配合的前提下，将银行、证券、保险、信托、租赁等不同金融机构和咨询等科技中介服务机构相结合，才能最大化地发挥金融发展对技术创新及其产业化的促进作用。1999年8月，中共中央、国务院发布《关于加强技术创新，发展高科技，实现产业化的决定》，提出要促进企业成为技术创新的主体，全面提高企业技术创新能力，同时完善科技立法，加强国家创新体系建设，加强协作。

2004年，科技部火炬中心、深圳证券交易所、国家开发银行等单位共同发起了"科技型中小企业成长路线图计划"，以完善科技型中小企业不同发展阶段资金解决方案。在此基础上，2014年，科技部火炬中心、深圳证券交易所、全国中小企业股份转让系统有限公司、招商银行共同发起了"科技型中小企业成长路线图计划2.0"，旨在进一步推动科技金融创新，改善科技型中小企业融资环境，加快实施国家创新驱动发展战略。与2004年发起的"科技型中小企业成长路线图计划"不同的是，"科技型中小企业成长路线图计划2.0"充分利用了互联网信息技术，依托大数据的分析使用，打造服务初创期、成长期与成熟期科技型企业的一整套行动方案。

此外，《国家中长期科学和技术发展规划纲要（2006-2020年）》也提出，要鼓励企业成为技术创新的主体，建立以企业为主体、产学研结合的技术创新体系，促进全社会科技资源高效配置和综合集成。《中华人民共和国科学技术进步法》则首次以法律的形式提出了企业的创新主体地位。2011年，科技部、财政部、中国人民银行等八部门联合发布《关于促进科技和金融结合加快实施自主创新战略的若干意见》，提出创新金融技术投资方式和机制，培育和发展风险投资，引导银行业金融机构增加中小企业数量。可以说，财税金融政策紧密协同、积极整合社会各方力量、共同建设综合金融服务体系，已成为我国科技金融发展的主流理念。

第四章　金融发展对技术创新影响的实证检验：跨国层面

第二章从理论研究的角度指出金融发展对于技术创新有正向推动作用，第三章对相关事实的阐述也能够说明这一点。本章收集了 1975～2010 年亚洲、非洲、欧洲、北美洲、南美洲、大洋洲共计 61 个国家或地区的面板数据，构建静态面板模型，从宏观层面验证金融发展对技术创新的影响。

第一节　研究设计

一、模型设定

国外学者在进行金融发展与技术创新的相关实证研究时，通常采用跨国面板数据，以此来证实结论的普遍性，并就不同国家中金融发展对技术创新的促进效率进行比较，而国内学者使用这一方法进行实证研究的数量相对较少。就跨国实证研究而言，相比时间序列数据（Time-Series Data）和横截面数据（Cross-Sectional Data），面板数据（Panel Data）具有更加明显的优势，主要体现在以下三个方面：第一，面板数据可以解决遗漏变量问题。遗漏变量偏差是一个普遍存在的问题，虽然可以用工具变量法解决，但有效的工具变量通常很难找。遗漏变量往往是由于不可观测的个体差异或"异质性"（Heterogeneity）造成的，如果这种个体差异不随时间而变化，则面板数据提供了解决遗漏变量问题的又一利器。第二，面板数据可以提供更多个体动态行为的信息。由于面板数据同时具有时间和空间两个维度，因此可以兼顾纵向比较与横向比较，有时可以解决单独的时间序列数据或者横截面数据所不能解决的问题。第三，由于同时有时间维度和空间维度，通常面板数据的样本容量更大，从而能够提高估计的准确度。

估计面板数据的一个基本模型是：

$$y_{i,t} = x_{i,t}\beta + z_{i,t}\delta + u_i + \varepsilon_{i,t} \quad (i=1, \cdots, n; \ t=1, \cdots, T) \tag{4-1}$$

其中，z_i 表示不随时间而变的个体特征（即 $z_{i,t} = z_i$，$\forall t$）；而 $x_{i,t}$ 可以随个体及时间而变化。扰动项由 $u_i + \varepsilon_{i,t}$ 两部分构成，称为"复合扰动项"。其中，不可观测的随机变量 u_i 表示仅随个体变化而变化的截距项，$\varepsilon_{i,t}$ 表示随个体和时间变化而变化的扰动项。如果 u_i 与某个解释变量有关，则称为"固定效应模型"（Fixed Effect Model，FE）；如果 u_i 与所有解释变量（$x_{i,t}$，z_i）均不相关，则称为随机效应模型（Random Effects Model，RE）。从经济理论的角度来看，随机效应模型比较少见，但仍必须通过检验来确定究竟该用固定效应模型还是随机效应模型。

在选择使用固定效应模型还是随机效应模型时，需要采用 Hausman 检验法。其原假设是该模型为随机效应模型，即 u_i 与 $x_{i,t}$，z_i 不相关。无论原假设成立与否，FE 都是一致的。然而，如果原假设成立，那么 RE 会比 FE 更加有效。但如果原假设不成立，则 RE 不一致。因此，如果原假设成立，那么 FE 与 RE 的估计量将共同收敛于真实的参数值，故 $(\hat{\beta}_{FE} - \hat{\beta}_{RE}) \xrightarrow{P} 0$。反之，如果两者差距过大，则倾向于拒绝原假设。Hausman 检验的统计量为：

$$(\hat{\beta}_{FE}-\hat{\beta}_{RE})'\left[\widehat{Var(\hat{\beta}_{FE})}-\widehat{Var(\hat{\beta}_{RE})}\right]^{-1}(\hat{\beta}_{FE}-\hat{\beta}_{RE})\xrightarrow{d}\chi^2(K)\qquad(4-2)$$

其中，K 为 $\hat{\beta}_{FE}$ 的维度，即 $x_{i,t}$ 中所包含的随时间而变化的解释变量个数（因为 $\hat{\beta}_{FE}$ 无法估计不随时间变化的解释变量系数）。如果该统计量大于临界值，则拒绝原假设，选择固定效应模型。

本章研究内容为宏观层面金融发展对技术创新的影响，因而选择金融发展作为模型的解释变量，技术创新作为模型的被解释变量。根据前文的文献综述和理论分析，将实证计量模型的基本形式设定为如下形式：

$$Tec_{i,t}=\alpha+\beta Fin_{i,t}+\gamma X_{i,t}+\varepsilon_{i,t}\qquad(4-3)$$

其中，$Tec_{i,t}$ 表示 i 国 t 时期的技术创新指标，$Fin_{i,t}$ 表示 i 国 t 时期的金融发展指标，$X_{i,t}$ 表示一系列控制变量，α、β、γ 为各个变量的系数，$\varepsilon_{i,t}$ 表示随机误差项。

二、变量选择

从上文设定的模型来看，本章实证研究共涉及三类变量，分别是被解释变量、解释变量以及控制变量。被解释变量是技术创新指标，解释变量是金融发展指标，控制变量则要结合理论分析结果和国内外相关文献进行选择。

（一）被解释变量

被解释变量为衡量技术创新水平的代理指标。考虑到技术创新本身的不确定性，直接衡量技术创新的数量和质量是一件十分困难的事情，学术界对此也有不同的看法。如何构建完整有效的指标体系虽然仍然存在很大争议，但在实践中大多数国内外学者都从 R&D 费用、研发人员数量、专利数量、新产品销售收入、技术市场交易额等不同角度进行了尝试，其中 R&D 费用、研发人员数量可以衡量创新投入，专利数量、新产品销售收入、技术市场交易额可以衡量创新产出。结合杨大楷和邵通尧（2010）对相关指标的研究，本书选择专利申请量作为技术创新的代理指标，原因有以下几点：

首先，虽然许多学者（方希桦等，2004）将 R&D 支出作为衡量变量进行实证研究，但是大量的 R&D 费用和研发人员投入并不能够保证实现真正的技术创新，也就是说创新投入并不一定能带来创新结果。其次，新产品销售收入是由新产品的销售数量和销售单价共同确定的，无法准确反映出新产品所代表的技术创新能力；而技术合同成交额是指只针对技术开发、技术转让、技术咨询和技术服务类合同的成交额，如果某项技术创新成果产生于集团内部的研发部门，并未发生实际交易，则会造成一定的误差。最后，专利是指某项发明创造向国家审批机关提出专利申请，经依法审查合格后向申请人授予的在规定的时间内对该项发明创造享有的专有权，是受法律保护的发明创造。具体地，专利数量可以分为专利申请量与专利授予量。本书选择专利申请量作为衡量一国技术创新水平的指标，其优点在于：第一，几乎所有国家都对专利建立了完备的系统和数据库，而且各国对专利所涵盖的领域都有明确的标准和判断，因此在横向上具有可比性；第二，专利数量具有序列性，因此在纵向上具有可比性；第三，专利授予量在时间上较为滞后，同时由于专利授予需要缴纳审核费用并经过审核人员的主观判断，其不确定性也会更高，因此专利申请量比专利授予量更能反映创新主体的技术创新水平（黎文靖、郑曼妮，2016）。

（二）解释变量

解释变量为衡量金融发展水平的代理指标。中外学者通常选择金融发展规模指标或者金融发展效率指标来衡量金融发展水平。Goldsmith（1969）作为最先研究金融发展指标的学者，他用某国家或地区的全部金融资产与 GDP 的比值来衡量一个国家或地区的金融发展水平。而 Mckinnon（1973）认为，广义货币与名义 GDP 的比值可以从货币化的角度反映金融发展。考虑到私人信贷的使用效率更高，本书参考 King 和 Levine（1993）的方法，设置私人部门信贷这一指标，采用私人部门信贷与 GDP 的比值来衡量金融发展，这一指标越高，说明该国的金融市场竞争越激烈，金融发展效率越高。同时，本书还将使用金融部门存款指标，即金融部门存款与 GDP 的比值，作为金融发展的替代变量用于模型的稳健性检验，原因在于金融部门存款与 GDP 的比值可以在一定程度上反映一个国家的金融规模。

（三）控制变量

在实证研究中，尤其是在经济相关问题的实证研究中，为排除核心解释变量以外的其他变量对被解释变量的影响，需要在模型中引入控制变量。本书研究金融发展对技术创新的影响，参考易信和刘凤良（2018）的研究，选择政府部门总债务（TOT_DEBT）、国外净资产（NFA）、人均 GDP（GDP_CAP）、资本开放度（OPEN）、城镇化率（URBAN）等指标作为控制变量。

政府部门总债务（TOT_DEBT）。政府债务可以体现政府运用资金的能力，而过高的政府债务会扩张政府的资金规模，使其拥有超过资源有效配置的资金。在此前提下，政府可能会通过对土地、资本、劳动力的过度干预，使创新资源价格扭曲，降低市场的资源配置功能，从而影响技术创新水平的提升。本书以政府部门总债务与 GDP 的比值来表示。

国外净资产（NFA）。货币当局国外净资产统计是货币当局国外资产与国外负债轧差后对非居民的净债权统计。它的增减变动直接地表现为国家外汇储备的变化，对国民经济及货币供应量都会产生影响。本书以国外净资产与 GDP 的比值来表示。

人均 GDP（GDP_CAP）。按照经验，当人均 GDP 超过 1 万美元时，往往也触到了中低端产业的瓶颈，此时经济的增长动力将从资本、劳动力转向创新、知识等要素，以提升生产质量和效率。同时，随着人均 GDP 的增加，资本的流动也会加快，这会对创新资源的配置产生新的影响。本书以人均 GDP（2005 年不变价美元）来表示。

资本开放度（OPEN）。一般而言，伴随着资本开放，国内外创新主体之间的交流也会增多，并通过模仿效应、竞争效应、技术溢出等渠道对技术创新产生不同的影响，因此本书将资本开放度设置为一个控制变量。

城镇化率（URBAN）。城镇化率可以在一定程度上反映出一国劳动力的分配，城镇化水平越高，意味着该国的劳动力从农业生产转移到生产率更高的工业和服务业中。此外，城镇化水平的提升也意味着教育、医疗、公共设施体系的完善，这有利于创新资源的积累，同时也有利于发挥规模效应。本书以城镇人口占总人口的比重来表示。

本章实证研究涉及的变量如表4-1所示。

表4-1　跨国面板数据变量汇总

变量类型	变量名称	变量符号	数据来源
被解释变量	专利申请量	PATENT	世界宏观经济数据库
解释变量	私人部门信贷	FIN_ PRI	世界经济发展数据库
	金融部门存款	FIN_ DEP	世界经济发展数据库
控制变量	政府部门总债务	TOT_ DEBT	世界经济发展数据库
	国外净资产	NFA	世界经济发展数据库
	人均GDP	GDP_ CAP	世界经济发展数据库
	资本开放度	OPEN	Chinn-Ito数据库
	城镇化率	URBAN	世界发展指标数据库

三、数据来源及样本筛选

本书所使用的原始数据包括居民专利申请数量、非居民专利申请数量、私人部门信贷、金融部门存款、人均GDP、城镇化率、资本开放度、政府部门总债务、国外净资产。关于专利申请数量的数据来源于世界宏观经济数据库，资本开放度的数据来源于Chinn-Ito数据库，城镇化率的数据来源于世界发展指标数据库，其余数据均来自世界经济发展数据库。考虑到大多数变量均为相对值，在此对专利申请数量进行对数化处理，并将人均GDP的单位设为万元，以使结果更加便于分析。

根据研究需要，本书最初收集了1975~2017年102个国家和地区的原始数据。由于部分国家缺少某些关键变量的数据，因此从时间和空间上减少了样本数量，经过简单筛选，最终选择了1975~2010年61个国家的数据。61个样本国家详见附录。

第二节　描述性统计

通过将样本数据导入 STATA16.0 对各个变量进行描述性统计，统计结果如表 4-2 所示。

表 4-2　跨国面板数据描述性统计

变量	样本数	均值	标准差	最小值	中位数	最大值
专利申请量	1608	7.5121	2.1447	0	7.8073	13.1026
私人部门信贷	1608	0.5798	0.4282	0.0415	0.4566	2.8724
金融部门存款	1608	48.7479	31.1313	0.0700	43.3450	219.8100
政府部门总债务	1608	60.2723	60.2622	3.1944	47.0953	856.6970
国外净资产	1608	-0.2988	0.6711	-6.6285	-0.2561	13.8065
人均 GDP	1608	1.8090	1.8050	0.0373	0.8830	9.1617
资本开放度	1608	0.5205	1.5561	-1.9104	0.4429	2.3600
城镇化率	1608	64.2868	19.7471	15.5830	68.0935	100

从样本数据显示的技术创新指标 PATENT 的平均水平来看，样本国家的专利申请量为 7.5121 万件，标准差为 2.1447，最大值、最小值的差值也可以说明国家间的技术创新水平明显不平衡。金融发展指标 FIN_ PRI = 私人部门信贷/GDP，该变量的均值为 0.5798，也就是说样本国家的私人部门信贷超过了 GDP 的一半。从极端值来看，各国私人部门信贷的规模也存在着巨大差距。FIN_ DEP 作为金融发展指标的替代变量，在计算上等于金融部门存款与 GDP 之比，该指标的极端值差距比 FIN_ PRI 更大。政府负债规模 TOT_ DEBT 的均值为 60.2723，已超过 GDP 的一半，但极端值相差近 270 倍，可见各国政府负债水平参差不齐。国外净资产 NFA 和资本开放度 OPEN 的均值分别为

-0.2988 和 0.5205，但两者的极端值相距较远，可见虽然世界经济逐步走向全球化，但是仍有部分国家难以真正提高资本开放程度，与平均水平还存在一定距离。人均 GDP 的均值为 1.8090 万美元，属于高收入的范畴，但从极端值和标准差的情况来看，国家之间贫富差距仍然巨大。可以合理地推测，各国由于收入水平的不同，其对金融发展和技术创新水平也会有不同的需求，因此在下文中对此做异质性分析。此外，城镇化率 URBAN 的均值为 64.29，说明样本国家平均城镇化率超过 60%，社会也由以农业为主的传统乡村型社会向以工业和服务业等非农产业为主的现代城市型社会逐渐转变，对金融发展和技术创新也随之提出了更高的要求。

简单的描述性统计之后，本书做出了解释变量 FIN_ PRI（横轴）与被解释变量 PATENT（纵轴）的散点图及线性图，如图 4-1 所示。

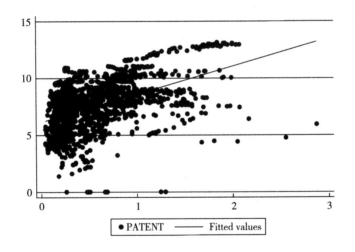

图 4-1 技术创新指标与金融发展指标关系

从图 4-1 可以直观地看出，技术创新与金融发展之间存在着一定程度的正相关关系，至于两者之间关系的显著程度如何，还需要再进一步分析回归结果。

第三节 回归结果分析

一、基准回归分析

基于前文的机制分析及模型设定，本部分从跨国层面进行实证分析，考察金融发展对技术创新的影响。私人部门信贷对专利申请量影响的回归结果如表4-3所示。其中，模型（1）和模型（2）中仅加入了核心解释变量，模型（3）和模型（4）中加入了核心解释变量和控制变量。另外，本书分别使用固定效应模型和随机效应模型来验证两者之间的关系，并根据结果选择更加适合的模型。具体地，模型（1）和模型（3）为随机效应模型的回归结果，模型（2）和模型（4）为固定效应模型的回归结果。

表4-3 基准回归结果

解释变量	（1）	（2）	（3）	（4）
	不加入控制变量		加入控制变量	
	专利申请量 RE	专利申请量 FE	专利申请量 RE	专利申请量 FE
私人部门信贷	0.350***	0.276***	0.265**	0.281**
	(0.071)	(0.071)	(0.115)	(0.117)
国外净资产			0.182***	0.178***
			(0.048)	(0.048)
人均GDP			-0.131**	-0.180***
			(0.054)	(0.057)
资本开放度			-0.036	-0.033
			(0.024)	(0.024)
城镇化率			0.052***	0.052***
			(0.005)	(0.006)

续表

解释变量	(1)	(2)	(3)	(4)
	不加入控制变量		加入控制变量	
	专利申请量 RE	专利申请量 FE	专利申请量 RE	专利申请量 FE
政府部门总债务			−0.002***	−0.002**
			(0.001)	(0.001)
常数项	5.695***	6.607***	4.190***	4.542***
	(0.180)	(0.040)	(0.369)	(0.352)
观察值	2990	2990	1675	1675
截面个数	123	123	61	61
R^2	0.389	0.389	0.270	0.245

注：括号内数字为 t 值，***、** 分别表示在1%、5%水平下显著。

　　模型（1）和模型（2）的回归结果显示，在随机效应模型和固定效应模型下，金融发展程度对技术创新水平在1%的水平上存在显著影响，系数分别为0.350和0.276，表明拟合结果都很好，Hausman 检验结果显示 P 统计量为0.000，因此拒绝原假设，即支持选择固定效应模型。从基准模型来看，金融发展对技术创新具有十分明显的正向作用。模型（3）和模型（4）的回归结果显示，在随机效应模型和固定效应模型下，金融发展对技术创新水平在5%的水平上存在显著影响，系数分别为0.265和0.281，Hausman 检验结果仍然支持固定效应模型。因此，本书选择固定效应模型下的模型（2）与模型（4）的回归结果进行进一步分析。在只有核心解释变量时，金融发展每增加1倍，技术创新会增加0.276倍，随着控制变量的加入，该系数略有增长，即金融发展每增加1倍，技术创新会增加0.281倍。总体来说，该基准回归结果支持了金融发展促进技术创新的传统结论。此外，国外净资产系数在1%水平上显著为正，说明国外净资产占 GDP 的比重越高，该国的技术创新水平越高。城镇化率在1%水平上显著为正，说明随着城市的建立与高效运行，产业结构逐渐由农业向工业和服务业转变，科学技术也随之进步，进而该国的技术创新水平得以进一步提升。政府部门总债务系数在5%水平上显著为负，说明政府债务是把双刃剑，一方面它能够平稳经济，提高社会整体福利；另一方面，政府负债过高不利于积累资本，会扭曲资源配置，进而不利于技术创新。与预期结果不同的是，人均 GDP 系数在 1% 水平上显著为负，说明生活水平较高的国家技术创新水平较低，这需要我们进一步在样本国家中探究原因。资本开放度系数始终不显著，意味着这一指标与技术创新能力无太大关系。

二、异质性分析

（一）OECD 国家样本的异质性分析

经济合作与发展组织（OECD）是由 36 个市场经济国家组成的政府间国际经济组织，旨在共同应对全球化带来的经济、社会和政府治理等方面的挑战，并把握全球化带来的机遇，这类国家一般在开放交流与信息沟通方面具有明显优势。此外，由于 OECD 国家更加注重金融政策特别是财税政策对技术创新及经济发展的有效性，会进一步地影响到金融发展在降低信息不对称和提高资源配置效率方面发挥作用的程度。鉴于此，本书将样本国家按照是否是 OECD 国家进行分类并进行异质性检验，检验结果如表 4-4 中的模型（5）与模型（6）所示。根据表 4-4 中的结果来看，主要解释变量的系数大小和显著程度均未发生显著变化。控制变量中，城镇化率的系数大小和显著程度也未发生显著变化；非 OECD 国家的人均 GDP 系数由负转正；资本开放度系数在 OECD 国家中显著为负，而在非 OECD 国家中显著为正；OECD 国家的政府部门中债务系数变得不再显著，说明在 OECD 国家中政府负债水平并不会对技术创新产生较大影响。

表 4-4　异质性检验结果（按样本国家分）

解释变量	（5）	（6）	（7）	（8）
	OECD 国家	非 OECD 国家	高收入国家	低收入国家
	专利申请量	专利申请量	专利申请量	专利申请量
私人部门信贷	0.393 **	0.486 ***	0.198	0.871 **
	(0.166)	(0.152)	(0.128)	(0.343)

续表

解释变量	(5)	(6)	(7)	(8)
	OECD 国家	非 OECD 国家	高收入国家	低收入国家
	专利申请量	专利申请量	专利申请量	专利申请量
国外净资产	0.352***	-0.038	0.188***	0.089
	(0.106)	(0.042)	(0.053)	(0.155)
人均 GDP	-0.154*	1.103***	-0.117*	7.139***
	(0.080)	(0.126)	(0.063)	(0.910)
资本开放度	-0.192***	0.096***	-0.083***	0.019
	(0.041)	(0.023)	(0.030)	(0.029)
城镇化率	0.051***	0.044***	0.053***	0.014*
	(0.013)	(0.005)	(0.007)	(0.008)
政府部门总债务	-0.003	-0.002***	-0.004***	0.000
	(0.002)	(0.001)	(0.001)	(0.001)
常数项	5.366***	3.506***	4.639***	3.999***
	(0.896)	(0.252)	(0.488)	(0.248)
观察值	872	803	1311	364
截面个数	28	33	45	16
R^2	0.000	0.184	0.111	0.004

注：括号内数字为 t 值，***、**、*分别表示在 1%、5%、10%水平下显著。下同。

（二）不同收入水平国家样本的异质性分析

按照世界银行关于国家收入类型的定义，本书对 61 个国家分类并进行异质性检验，检验结果如表 4-4 中的模型（7）和模型（8）所示。根据检验结果可以看出，高收入国家的核心解释变量系数不再显著，而低收入国家的私人部门信贷系数虽然显著性有所下降，但数值明显增大，结果说明金融发展对技术创新的促进作用在低收入国家发挥得更为明显。原因可能在于：与低收入国家相比较，高收入国家金融发展程度较高，经济主体已经完成一定规模的资本积累，因此资本整体并不构成技术创新的资金约束，金融发展对技术创新的促进作用更多地表现为资金在各个细分领域之间的配置效率有所提高；而低收入国家的技术创新则面临着较为严峻的资金短缺问题，因此金融发展所带来的融资约束放松会大幅提升技术创新水平。

对于控制变量中的人均 GDP 这一变量而言，高收入国家的系数显著性明显下降，低收入国家的系数由负转正，且在 1% 的水平上显著，说明收入水平不同的国家所处的科技创新阶段也有所不同，收入水平较低的国家人均 GDP 对技术创新的边际贡献更大，该结果与非 OECD 国家具有一致性。

（三）不同时期样本的异质性分析

由于本书的考察区间是从 1975 年起至 2010 年止，期间经历了计算机的不断升级与普遍应用，以美国为代表的国家更是先后开始进行了以人工智能、虚拟现实、量子通信等为技术突破口的工业革命，因此金融发展对技术创新的作用效果和途径也会随之变化。鉴于此，本书将研究样本分为 1990 年前后两部分进行异质性分析，检验结果如表 4-5 所示。可以看出，1990 年及以后金融发展对技术创新的促进作用更加显著，而在此之前虽然两者之间系数也为正，但数值大小及显著性均较为逊色。事实上，信息技术的不断突破意味着资源生产率的持续提高，同时生产活动对传统能源的依赖程度也会进一步降低，有助于加快转变经济发展方式和整个社会的可持续发展，而这也意味着各经济主体会对科技进步和新技术发明提出更高层次的要求，因此金融发展对技术创新的影响也会随之发生较大改变。

表 4-5　异质性检验结果（以 1990 年为分界线）

解释变量	(9) 1990 年前	(10) 1990 年及以后
私人部门信贷	0.196 * (0.511)	0.249 *** (0.090)
国外净资产	-0.304 (0.345)	0.106 *** (0.030)

续表

解释变量	(9)	(10)
	1990 年前	1990 年及以后
人均 GDP	0.071	-0.244^{***}
	(0.251)	(0.057)
资本开放度	0.031	0.037^{*}
	(0.062)	(0.021)
城镇化率	-0.041^{*}	0.083^{***}
	(0.023)	(0.007)
政府部门总债务	-0.005	-0.000
	(0.003)	(0.001)
常数项	9.849^{***}	2.487^{***}
	(1.331)	(0.448)
观察值	656	1019
截面个数	54	61
R^2	0.214	0.193

注：括号内数字为 t 值，$***$、$*$ 分别表示在 1%、10% 水平下显著。

三、稳健性检验

本书采用替换金融发展变量指标的方式进行稳健性检验。在上述分析中，本书采用私人部门信贷与 GDP 比值来衡量金融发展水平。为证实本书结论的稳健性，接下来本书以金融部门存款与 GDP 的比重来衡量金融发展水平，进行稳健性检验，检验结果如表 4-6 所示。与表 4-3 类似，模型（11）和模型（12）中仅加入了核心解释变量，模型（13）和模型（14）中加入了其他控制变量；模型（11）和模型（13）为随机效应模型的回归结果，模型（12）和模型（14）为固定效应模型的回归结果。Hausman 检验结果显示 P 统计量为 0.000，因此拒绝原假设，同样选择固定效应模型。对比模型（14）与模型（4）可以看出，主要解释变量系数的符号方向与显著性均未发生变化，国外净资产、人均GDP、资本开放度、城镇化率、政府部门总债务等控制变量系数的符号和显著程度也均未发生明显变化，说明替换金融发展指标后本书结论具有稳健性。

表4-6 稳健性检验结果

解释变量	(11)	(12)	(13)	(14)
	不加入控制变量		加入控制变量	
	专利申请量 RE	专利申请量 FE	专利申请量 RE	专利申请量 FE
金融部门存款	0.002**	0.001	0.010***	0.010***
	(0.001)	(0.001)	(0.002)	(0.002)
国外净资产			0.163***	0.159***
			(0.048)	(0.048)
人均GDP			-0.156***	-0.200***
			(0.050)	(0.052)
资本开放度			-0.041*	-0.036
			(0.025)	(0.025)
城镇化率			0.046***	0.045***
			(0.005)	(0.006)
政府部门总债务			-0.002***	-0.002**
			(0.001)	(0.001)
常数项	5.755***	6.657***	4.233***	4.669***
	(0.221)	(0.048)	(0.377)	(0.360)
观察值	2893	2893	1608	1608
截面个数	119	119	59	59
R^2	0.086	0.086	0.311	0.283

注：括号内数字为t值，***、**、*分别表示在1%、5%、10%水平下显著。

第四节 本章小结

本章基于金融发展和技术创新相关理论及两者之间作用机制，选取 1975 ~ 2010 年 61 个国家的跨国面板数据进行了实证研究，研究样本覆盖的国家数量比之前的类似文献更多。研究结果表明金融发展对技术创新有明显的促进作用，且在非 OECD 国家、低收入国家和 1990 年后样本中更加显著。

第五章　金融发展对技术创新影响的 实证检验：地区层面

　　由于不同地区的技术基础、创新资源与制度环境存在差异性，因此在考察金融发展对中国技术创新的影响时不能忽略两者之间的空间异质性。本章基于第二章对于金融发展影响技术创新的机制分析以及建立的理论框架，在实证中增加地理空间因素，进一步对中国金融发展对技术创新的作用机制进行检验。

第一节　计量方法与空间相关性检验

　　空间异质性最初是一个生态学领域的概念，指生态学过程和格局在空间分布上的不均匀性及其复杂性，随后逐渐应用至区域科学中，目前是区域经济中的客观事实之一。已有文献较少以空间视角对技术创新的金融支持进行实证分析，其中采用地市级数据的几乎没有。本章将从时间与空间动态演化的视角出发，采用空间自相关分析方法，对两者之间影响机制的区域差异进行实证分析。

一、空间计量估计方法

在传统计量模型中加入空间效应的一个重要原因在于在研究某个地区的经济现象时，往往会发现该地区的经济除了受到自身因素影响外，还会不同程度地受到周边地区的影响，典型的如技术扩散和知识溢出效应等。在书中，则需要分析空间因素对地区技术创新水平变化的影响。

进行空间计量分析的前提是度量地区之间的空间距离，也就是将邻近区域的概念量化。记来自 n 个区域的空间数据为 $\{x_i\}_{i=1}^n$，下标 i 表示区域 i。记区域 i 与区域 j 之间的距离为 w_{ij}，则可定义如下"空间权重矩阵"（Spatial Weighting Matrix）：

$$W = \begin{bmatrix} w_{11} & \cdots & w_{1n} \\ \vdots & \ddots & \vdots \\ w_{n1} & \cdots & w_{nn} \end{bmatrix} \tag{5-1}$$

其中，对角线上元素 $w_{11} = \cdots = w_{nn} = 0$（同一区域距离为 0）。空间权重矩阵为对称矩阵。最常用的距离函数为"相邻"，即如果区域 i 与区域 j 有共同的边界，则 $w_{ij} = 1$；反之，则 $w_{ij} = 0$。进一步地，还可将这种相邻关系分为车相邻（两个相邻区域有共同的边）、象相邻（两个相邻区域有共同的顶点）、后相邻（两个相邻区域有共同的边或顶点）。空间权重矩阵考虑的是一阶邻居，还可以考虑二阶邻居，即邻居的邻居，用矩阵 W^2 来表示。需要注意的是，矩阵 W^2 的主对角线上元素一般不再为 0，这是因为邻居的邻居也包含该区域本身。在实践中，有时需要对空间权重矩阵进行"行标准化"（Row Standardization），即将矩阵中的每个元素（记为 $\tilde{w}_{ij}$）除以其所在行元素之和，以保证每行元素之和为 1：

$$w_{ij} \equiv \frac{\tilde{w}_{ij}}{\sum_j \tilde{w}_{ij}} \tag{5-2}$$

行标准化之后的空间权重矩阵一般不再是对称矩阵，这是其缺陷之一。另外，由于每行元素之和均为1，这意味着区域i所受其邻居的影响之和一定等于区域j所受其邻居的影响之和（任意i≠j），该假定可能过强，这是行标准化的另一局限。

定义相邻关系的另一方法基于区域间的距离。将区域i与区域j之间的距离记为d_{ij}，可将空间权重定义如下：

$$w_{ij} = \begin{cases} 1, & 若\ d_{ij} < d \\ 0, & 若\ d_{ij} \geqslant d \end{cases} \tag{5-3}$$

其中，d为事先给定的距离临界值。另外，也可以不用相邻关系，而直接以距离之倒数作为空间权重，即：

$$w_{ij} = \frac{1}{d_{ij}} \tag{5-4}$$

其中，d_{ij} 既可以是地理距离，如直线距离或者大圆距离，也可以是基于运输时间或者运输成本的经济距离，甚至还可以是社交距离。

二、中国地区技术创新的空间自相关检验

空间自相关（Spatial Autocorrelation）是指位置相近的区域具有相似的变量取值。如果高值与高值聚集在一起，低值与低值聚在一起，则为"正空间自相关"（Positive Spatial Autocorrelation）；反之，如果高值与低值相邻，则为"负空间自相关"（Negative Spatial Autocorrelation）；如果高值与低值完全随机分布，则不存在空间自相关。

由于空间自相关的检验较为复杂，相关文献中提出了一系列度量空间自相关的方法，其中最为流行的是"莫兰指数I"（Moran's I）：

$$I = \frac{\sum_{i=1}^{n} \sum_{j=1}^{n} w_{ij} (x_i - \bar{x})(x_j - \bar{x})}{S^2 \sum_{i=1}^{n} \sum_{j=1}^{n} w_{ij}} \tag{5-5}$$

其中，$S^2 = \frac{\sum_{i=1}^{n}(x_i - \bar{x})^2}{n}$ 为样本方差，$\bar{x} = \frac{1}{n}\sum_{i=1}^{n} x_i$ 为样本均值，空间序列

$\{x_i\}_{i=1}^n$ 表示各地区的技术创新水平，w_{ij} 表示空间权重矩阵的 (i, j) 元素（用来度量区域 i 与区域 j 之间的距离），而 $\sum_{i=1}^n \sum_{j=1}^n w_{ij}$ 表示所有空间权重之和。如果空间矩阵为行标准化，则 $\sum_{i=1}^n \sum_{j=1}^n w_{ij} = n$。此时，莫兰指数 I 为：

$$I = \frac{\sum_{i=1}^n \sum_{j=1}^n w_{ij}(x_i - \bar{x})(x_j - \bar{x})}{\sum_{i=1}^n (x_i - \bar{x})^2} \tag{5-6}$$

莫兰指数 I 的取值一般介于 -1 和 1 之间，大于 0 表示正空间自相关，小于 0 表示负空间自相关。一般来说，正空间自相关比负空间自相关更加常见。如果莫兰指数 I 接近 0，则表明空间分布是随机的，不存在空间自相关。为了进行严格检验，需考虑莫兰指数 I 的渐进分布。在原假设为 "$H_0: Cov(x_i, x_j) = 0, \forall i \neq j$"（即不存在空间自相关）的前提下，莫兰指数 I 的期望值为：

$$E(I) = \frac{-1}{n-1} \tag{5-7}$$

莫兰指数 I 的方差表达式更为复杂，记为 $Var(I)$。标准化的莫兰指数 I 服从渐进标准正态分布：

$$I^* \equiv \frac{I - E(I)}{\sqrt{Var(I)}} \xrightarrow{d} N(0, 1) \tag{5-8}$$

上述莫兰指数 I 也被称为"全局莫兰指数 I"（Global Moran's I），因为其考察的是整个空间序列 $\{x_i\}_{i=1}^n$ 的空间集聚情况。如果想知道某区域 i 附近的空间集聚情况，则可以使用"局部莫兰指数 I"（Local Moran's I）：

$$I_i = \frac{(x_i - \bar{x})}{S^2} \sum_{j=1}^n w_{ij}(x_j - \bar{x}) \tag{5-9}$$

局部莫兰指数 I 的含义与全局莫兰指数 I 相似。正的 I_i 表示区域 i 的高（低）值被周围的高（低）值包围；负的 I_i 表示区域 i 的高（低）值被周围的低（高）值包围。

此外，莫兰指数 I 可视为观测值与其空间滞后的相关系数。如果将观测值与其空间滞后画成散点图，称为"莫兰散点图"，则莫兰指数 I 就是该散点图回归线的斜率。

由于空间权重矩阵构建方法多样，并且无法对方法的优劣做出合理检验，所以本书选择三种空间权重矩阵的设定——空间邻接权重矩阵、4 阶近邻空间权重矩阵、距离空间权重矩阵，计算其全局莫兰指数 I，对 2003～2017 年中国各地级市的技术创新水平进行统计分析，检验结果如表 5-1 所示，并且根据结果绘制出了 2003～2017 年中国地区技术创新的全局莫兰指数 I 变化趋势图（见图 5-1）。

表 5-1　2003～2017 年中国地区技术创新全局莫兰指数 I 统计值

年份	空间邻接权重矩阵	3 阶近邻空间权重矩阵	距离空间权重矩阵
2003	0.3724	0.3012	0.3724
2004	0.3722	0.2887	0.3702
2005	0.3741	0.3042	0.3731
2006	0.3822	0.3086	0.3806
2007	0.3878	0.3182	0.3807
2008	0.3829	0.3258	0.3747
2009	0.3772	0.3182	0.3614
2010	0.4147	0.3527	0.4063
2011	0.3982	0.3565	0.3930
2012	0.3848	0.3525	0.3819
2013	0.3944	0.3521	0.3913
2014	0.3929	0.3537	0.3872
2015	0.3913	0.3529	0.3849
2016	0.4087	0.3553	0.3925
2017	0.3894	0.3375	0.3750

表 5-1 和图 5-1 显示，2003～2017 年中国地区技术创新全局莫兰指数 I 统计值在 0.28～0.42，说明中国地区技术创新的确存在空间相关性，而且是正空间自相关，因此适合采用空间计量方法做进一步检验分析。

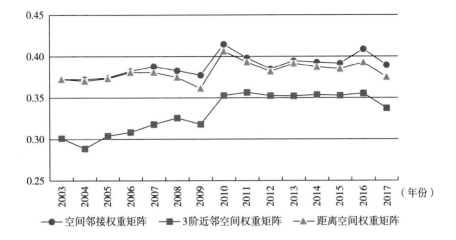

图 5-1   2003~2017 年中国地区技术创新全局莫兰指数 I 统计值变化趋势

三、中国地区技术创新的空间异质性检验

上文测算的全局莫兰指数 I 证实中国地区技术创新确实存在空间相关性，但这种空间相关具体表现为何种状态则需要进一步通过局部莫兰指数 I 和 LISA 聚类地图来分析。

本书对 2003~2017 年的数据进行局部空间自相关检验，力求能够更加直观地观测到各地区技术创新的空间特征和集聚状态，由于篇幅所限，此处仅以考察期的起始年份（2003 年）和终止年份（2017 年）为例绘制莫兰散点图（见图 5-2）和 LISA 聚类地图（见图 5-3、图 5-4）并做出相关分析。

如图 5-2 所示，将各个局部莫兰指数 I 在二维坐标中的具体取值划分为四个类型，以此形成莫兰散点图，图中每一个点代表一个城市，该图能够很好地刻画出技术创新在不同地区所表现出的异质性。其四个象限分别对应于某区域与其邻居之间四种类型的局部空间联系形式：第一象限代表了技术创新水平高的地区被同是高技术创新水平的地区所包围的空间联系形式，第二象限代表了技术创新水平低的地区被高技术创新水平的地区所包围的空间联系形式，第三

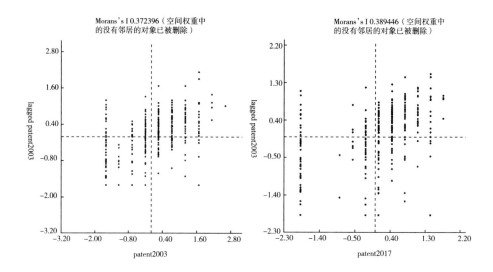

图 5-2　2003 年和 2017 年莫兰散点图对比

象限代表了技术创新水平高的地区被同是低技术创新水平的地区所包围的空间
联系形式，第四象限代表了技术创新水平高的地区被低技术创新水平的地区所
包围的空间联系形式。也就是说，第一、第三象限表示观测值之间的正空间自
相关，第二、第四象限表示观测值之间的负空间自相关，如果观测值均匀分布
在四个象限，则表明不同地区的技术创新水平不存在空间自相关。而这些观测
值在莫兰散点图中形成的回归线斜率也即莫兰指数 I 的直观表现。对比 2003
年和 2017 年莫兰散点图可以发现，位于第一、第三象限的点明显多于第二、
第四象限，且处于第一、第三象限的点有所增加，说明中国城市间技术创新主
要呈现高—高集聚和低—低集聚的空间特征。

　　LISA 是 Local Indicators of Spatial Association 的简称，即区域型空间自相关指
标，LISA 聚类地图能够反映出各城市在莫兰散点图中所处象限并判断出空间依
赖性的异常值，即解释各城市的具体空间位置和集聚的显著度。如果 LISA 可以
将统计显著性延续到更小的空间分布中，则可以说明技术创新在更小的地理单元
上也存在空间相关性。分析发现，呈现高—高集聚的区域主要集中在山东、江

苏、浙江、福建、广东等东南沿海城市，而呈现低—低集聚的区域主要集中在新疆、西藏、青海、甘肃、四川、云南等西北和西南地区；而且，越来越多的城市开始呈现出高—高集聚的特征，如河南、安徽、湖南、湖北的众多城市，与此同时低—低集聚的区域则显著减少，青海表现得最明显。这说明我国技术外溢和技术扩散的速度和效率有所提高，技术创新受空间限制程度有所减弱。

随着新型城镇化的不断推进，我国的城市化步伐稳步向前，越来越多的城市悄然诞生。每一座城市的发展都无法"各自为战"，既无法离开周边城市的帮助和支持，也需要所在城市群的协同合作。此时，中心城市作为"带头大哥"，在得益于周边城市资源的同时，更要发挥带动周边城市发展的重要作用。河南、湖北、安徽等地呈现高—高集聚的区域明显扩大，这说明该区域内部的中心城市通过要素配置、人才输出、产业转移、协同创新等途径对周边城市产生了强烈的辐射带动效应，推动了科技资源的共享和创新链的融合发展。而东部地区特别是京津冀地区的协同创新结果则并不乐观，这固然受地区经济基础、科技资源禀赋和产业布局的先天差异的影响，更重要的原因是行政壁垒的存在和体制机制的不健全导致北京对天津和河北的集聚作用远远大于扩散作用，未能有效带动周边地区发展，且进一步拉大了地区间的技术创新差距。

LISA 显著性地图可以判断对应城市的显著性，可以得出东南沿海地区和西北、西南地区呈现出的显著性水平较高。

第二节　变量说明与模型设定

通过对影响机制的理论分析，本书认为金融发展不仅会对当地技术创新产生影响，而且地区间的相互作用也会对周边地区的技术创新产生一定程度的影响，空间计量方法可以更准确地考虑到变量间的空间相关性和区域异质性，因此本章选择空间计量模型研究金融发展对技术创新的影响效应。

一、变量选择与说明

本章以我国地级市作为研究样本，选取 2003~2017 年的相关数据，考察金融发展对技术创新的空间影响，相关变量说明如下：

（一）被解释变量

被解释变量为衡量技术创新能力的代理指标，鉴于指标的易理解性与数据的可得性，本章同样延续第四章的做法，选择专利申请量作为技术创新的代理指标，同时对其进行对数化处理，记为 patent，即 patent = ln（专利申请量 + 1）。

（二）核心解释变量

根据本章的研究内容，解释变量应为能够反映各城市金融发展程度的指标。考虑到我国是以银行为主的金融体系，因此从信贷市场的角度来衡量金融发展水平，采用金融机构存贷款余额之和占 GDP 的比值来表示金融发展水平，记为 fd。即 fd =（金融机构存款余额+金融机构贷款余额）/GDP。

（三）控制变量

本章选择的控制变量集包含如下变量：

人均 GDP（pdgp）。人均 GDP 是衡量各地区人民生活水平的一个标准，在此可以控制当地经济发展状况对技术创新的影响，记为 pdgp。

人力资本水平（human）。根据 Griliches-Jaffe（1979）提出的知识生产函数，创新过程中的要素主要有资本和人力两部分，为控制人力资本投入对技术创新的影响，本章将其设为控制变量，采用当地普通高等学校在校生数与总人口的比值来衡量，记为 human。

对外开放程度（open）。以实际利用外资金额占 GDP 的比值来表示，记为 open。值得注意的是，实际利用外资金额的单位通常为万美元，此处需要按照美元兑人民币年均汇率进行换算。

产业结构（industry）。产业结构是指农业、工业和服务业在一国经济结构中所占的比重。本章采用第二产业增加值占 GDP 比重来衡量产业结构，记为industry。

全社会固定资产投资（fix_asset）。该指标可以衡量固定资产的投资规模、速度、比例关系和使用方向，此处用全社会固定资产投资占 GDP 的比重来表示，记为 fix_ asset。

表5-2 地区面板数据变量汇总

变量类型	变量名称	变量符号	变量定义
被解释变量	技术创新能力	patent	patent＝ln（专利申请量+1）
解释变量	金融发展水平	fd	fd＝（金融机构存款余额+金融机构贷款余额）/GDP
控制变量	人均 GDP	pgdp	pgdp＝GDP/总人口
	人力资本水平	human	human＝当地普通高等学校在校生数/总人口
	对外开放程度	open	open＝实际利用外资金额/GDP
	产业结构	industry	industry＝第二产业增加值/GDP
	全社会固定资产投资	fix_ asset	fix_ asset＝全社会固定资产投资/GDP

其中，专利申请量数据主要来源于《中国研究数据服务平台（CNRDS）》，其余宏观经济数据均来源于《中经网统计数据库》。

二、模型设定

为研究金融发展对地区技术创新的影响，本章首先构建基准计量模型，并在此基础上构建出空间计量模型。基准计量模型如下：

$$Y_{i,t} = \alpha + \beta X_{i,t} + \gamma Control_{i,t} + \varepsilon_{i,t} \tag{5-10}$$

其中，Y 表示被解释变量，主要指各城市技术创新指标；X 表示核心解释变量，指金融发展水平；Control 表示一组控制变量集；i 指样本城市；t 表示具体年份。

一般而言，空间计量模型主要有以下三种形式：

空间滞后模型（Spatial Autoregression，SAR）：

$$Y_{i, t} = \alpha + \delta \sum_{j=1}^{n} w_{ij} Y_{i, t} + \beta X_{i, t} + \varepsilon_{i, t} \tag{5-11}$$

空间误差模型（Spatial Errors Model，SER）：

$$Y_{i,t} = \alpha + \beta X_{i,t} + \varepsilon_{i,t}$$

$$\varepsilon_{i, t} = \rho \sum_{j=1}^{n} w_{ij} \varepsilon_{i, t} + e_{i, t} \tag{5-12}$$

空间杜宾模型（Spatial Durbin Model，SDR）：

$$Y_{i, t} = \alpha + \delta \sum_{j=1}^{n} w_{ij} Y_{i, t} + \theta \sum_{j=1}^{n} w_{ij} X_{i, t} + \beta X_{i, t} + \varepsilon_{i, t} \tag{5-13}$$

其中，w_{ij} 表示空间权重矩阵 W 中元素 i 与元素 j 之间的距离，wX 表示解释变量的滞后项，β、δ、θ 表示相关变量的系数，α 表示截距项，$\varepsilon_{i,t}$ 表示随机误差项，$\sum_{j=1}^{n} w_{ij} Y_{i,t}$ 表示地区之间技术创新的空间交互作用，$\sum_{j=1}^{n} w_{ij} X_{i,t}$ 表示地区之间金融发展水平的空间交互作用。

可以将上述三种空间计量模型组合起来，得到空间计量模型的一般形式，即：

$$Y_{i, t} = \alpha + \delta \sum_{j=1}^{n} w_{ij} Y_{i, t} + \theta \sum_{j=1}^{n} w_{ij} X_{i, t} + \beta X_{i, t} + \varepsilon_{i, t}$$

$$\varepsilon_{i,t} = \rho \sum_{j=1}^{n} w_{ij} \varepsilon_{i,t} + e_{i,t} \tag{5-14}$$

当 $\delta \neq 0$、$\theta = 0$、$\rho = 0$ 时，为空间滞后模型；当 $\delta = 0$、$\theta = 0$、$\rho \neq 0$ 时，为空间误差模型；当 $\delta \neq 0$、$\theta \neq 0$、$\rho = 0$ 时，为空间杜宾模型；当 $\delta \neq 0$、$\theta = 0$、$\rho \neq 0$ 时，为广义空间自回归模型（GSAR）。

上文中已经通过测算莫兰指数 I 证实中国市级技术创新的确存在空间相关性，而对于具体空间计量模型的选择，本书参考安树军（2019）、周少甫和龙威（2020）的思路，将空间计量模型设定为空间杜宾模型（SDM），具体形式如下：

$$patent_{i,t} = \alpha + \rho W \times patent_{i,t} + \beta_1 fd_{i,t} + \beta_2 pgdp_{i,t} + \beta_3 human_{i,t} + \beta_4 open_{i,t} +$$
$$\beta_5 industry_{i,t} + \beta_6 fix\_ asset_{i,t} + \theta_1 W \times fd_{i,t} + \theta_2 W \times pgdp_{i,t} +$$

$$\theta_3 W \times human_{i,t} + \theta_4 W \times open_{i,t} + \theta_5 W \times industry_{i,t} + \theta_6 W \times fix\_asset_{i,t} + \varepsilon_{i,t}$$

$$(5-15)$$

第三节　计量结果分析

一、描述性统计

通过将样本数据导入 STATA16.0 对各个变量进行描述性统计，统计结果如表 5-3 所示。

表5-3　地区面板数据描述性统计

变量	样本数	均值	标准差	最小值	中位数	最大值
技术创新能力	7568	4.1376	3.0091	0.1632	4.5643	11.5784
金融发展水平	7568	1.3907	1.7020	0.3285	1.4922	16.0242
人均GDP	7568	2.4621	8.0861	0.1916	0.9893	642.1762
人力资本水平	7568	6.9257	14.4065	2.1659	6.1291	127.8377
对外开放程度	7568	36.2152	72.2432	0.0006	43.8300	5932
产业结构	7568	0.0206	0.0378	0.0011	0.0062	0.6207
全社会固定资产投资	7568	0.3656	0.3570	0.0055	0.3308	5.5952

由表 5-3 可知，样本城市的技术创新能力均值为 4.1376，但标准差较大，表明各城市之间的技术创新存在显著差异。金融发展水平均值为 1.3907，标准差为 1.7020，表明中国地级市在金融发展方面存在显著差异。此外，各控制变量的相关统计值则展示出了经济状况、开放程度、产业结构、投资规模、人才投入方面的区域不均衡特征。

二、金融发展对技术创新空间影响的估计

本章对地区层面的金融发展对技术创新影响的实证研究从两方面进行，首先采用横截面数据的一般模型对地级市数据进行检验分析，然后在此基础上将空间因素纳入考虑范围，采用空间杜宾模型对此进行进一步检验，具体的检验结果如表5-4所示。

表5-4　金融发展对城市技术创新的空间影响

解释变量	（1）	（2）	（3）	（4）
	横截面数据模型		空间杜宾模型	
	FE	RE	随机	空间固定
金融发展水平	0.441***	0.456***	0.293**	0.278**
	(0.009)	(0.009)	(0.123)	(0.120)
人均GDP	0.020***	0.021***	0.101***	0.101***
	(0.001)	(0.001)	(0.013)	(0.013)
人力资本投入	0.001	0.003***	0.046***	0.046***
	(0.001)	(0.001)	(0.013)	(0.013)
产业结构	0.000	0.000**	0.002	0.002
	(0.000)	(0.000)	(0.001)	(0.001)
对外开放程度	−6.018***	−4.251***	−7.638*	−8.210**
	(0.352)	(0.375)	(4.000)	(3.907)
全社会固定资产投资	0.843***	0.922***	1.039**	0.977*
	(0.040)	(0.043)	(0.528)	(0.515)
常数项	3.283***	3.169***	−130.284***	
	(0.019)	(0.064)	(4.106)	
W×金融发展水平			0.024***	0.023***
			(0.002)	(0.002)
W×人均GDP			0.099***	0.098***
			(0.001)	(0.001)
W×人力资本投入			0.019***	0.019***
			(0.000)	(0.000)

续表

解释变量	（1）	（2）	（3）	（4）
	横截面数据模型		空间杜宾模型	
	FE	RE	随机	空间固定
W×产业结构			0.000*	0.000***
			(0.000)	(0.000)
W×对外开放程度			6.449***	6.722***
			(0.153)	(0.149)
W×全社会固定资产投资			−0.735***	−0.727***
			(0.010)	(0.010)
ρ			0.291***	0.291***
			(0.000)	(0.000)
sigma2_e			74.778***	71.320***
			(1.255)	(1.168)
观察值	7568	7568	7568	7568

注：括号内数字为 t 值，***、**、* 分别表示在 1%、5%、10% 水平下显著。

表 5-4 的模型（1）和模型（2）列示了一般横截面数据模型下固定效应模型和随机效应模型的回归结果，可以看出在两种模型下金融发展水平的系数均为正且十分显著。通过 Hausman 检验，得到检验统计量为 456.95，Prob > chi2 = 0.0000，表明在 1% 显著性水平下拒绝随机效应的原假设，即选择固定效应模型。

表 5-4 的模型（3）和模型（4）是采用空间杜宾模型进行检验的结果，所用权重矩阵为空间邻接权重矩阵，可以同时反映出被解释变量和各解释变量的空间滞后效应，即不但能够显示出技术创新的空间关联作用，还能够显示出金融发展的空间溢出效应对各地区技术创新的空间影响。一方面，就被解释变量而言，中国地级市技术创新的空间溢出效益在 1% 的显著性水平下显著为正，说明本地区技术创新能力的提高会促进周边相邻地区技术创新水平的提升，体现出了对周边相邻地区技术创新的强烈带动作用。另一方面，就解释变量而

言，金融发展水平本身及其空间溢出效应系数均为正，且后者比前者更加显著，说明金融环境的改善能够对地区技术创新产生明显的正向影响，这一影响不仅体现在某一地区内部，还体现为当前地区金融发展水平的提高能够促进周边地区的技术创新。

在控制变量方面，除全社会固定资产投资外，均表现出强烈的空间溢出效应，对相邻地区技术创新的空间影响较为显著。可能的原因在于随着全社会固定资产投资的增加，本地企业和邻近地区企业会更倾向于扩大生产规模、争取市场份额，因此对技术创新的重视程度与资源投入就会随之减少，从而在一定程度上抑制了技术创新。

空间计量模型的研究对象是空间依赖关系，而这一关系往往纷繁复杂，变化多样。为进一步探讨金融发展是通过何种方式对邻近地区的技术创新产生空间影响的，接下来将各解释变量的空间总效应分解为直接效应和间接效应。其中，直接效应（Direct Effects）是指与空间个体相关联的解释变量的变化对该个体自身的影响，间接效应（Indirect Effects）是指此个体对其他个体产生的影响，两者之和称之为总效应（Total Effects）。结合本书的研究内容，直接效应既包括周边地区形成的空间溢出效应对本地区的影响，也包括受到本地区形成的空间溢出效应影响的周边地区反过来作用于本地区的影响，而间接效应则指本地区的空间溢出效应对周边地区的影响。相关检验结果如表5-5所示。

表 5-5　金融发展对城市技术创新影响的空间效应

解释变量	（5）	（6）	（7）	（8）	（9）	（10）
	直接效应		间接效应		总效应	
	随机	空间固定	随机	空间固定	随机	空间固定
金融发展水平	0.075 *	0.071 **	−0.026	−0.022	0.049 ***	0.049 ***
	(0.039)	(0.033)	(0.037)	(0.033)	(0.017)	(0.017)
人均 GDP	0.356 ***	0.360 ***	0.051	0.046	0.407 ***	0.405 ***
	(0.073)	(0.067)	(0.065)	(0.059)	(0.009)	(0.008)

续表

解释变量	(5)	(6)	(7)	(8)	(9)	(10)
	直接效应		间接效应		总效应	
	随机	空间固定	随机	空间固定	随机	空间固定
人力资本投入	−0.069***	−0.070***	−0.013	−0.011	−0.082***	−0.081***
	(0.019)	(0.017)	(0.017)	(0.015)	(0.003)	(0.003)
产业结构	−0.001	−0.002**	−0.000	−0.000	−0.001**	−0.002***
	(0.001)	(0.001)	(0.000)	(0.001)	(0.001)	(0.001)
对外开放程度	−22.741***	−23.794***	−1.693	−1.582	−24.434***	−25.376***
	(2.582)	(2.424)	(2.287)	(2.172)	(0.790)	(0.730)
全社会固定资产投资	2.578***	2.580***	0.171	0.154	2.749***	2.734***
	(0.275)	(0.249)	(0.251)	(0.219)	(0.082)	(0.082)
观察值	7568	7568	7568	7568	7568	7568

注：括号内数字为 t 值，***、**、*分别表示在 1%、5%、10%水平下显著。

可以看出，金融发展水平的直接效应和总效应分别在 10%和 1%的水平下显著为正，且直接效应大于总效应，但是间接效应不显著，这说明金融发展对技术创新的空间影响主要是通过直接效应产生的，即本地区金融发展水平的提升对本地区技术创新的带动作用最为重要。

三、稳健性检验

为增强上述结论的可靠程度，需要做稳健性检验。上述空间计量模型中选用的空间权重矩阵均为邻接权重矩阵，即 0-1 矩阵，现将其替换为逆距离矩阵和 4 阶近邻矩阵进行稳健性检验，检验结果如表 5-6 所示。

表 5-6 金融发展对城市技术创新的空间影响（稳健性检验）

解释变量	(11)	(12)	(13)	(14)
	逆距离矩阵		4 阶近邻矩阵	
	随机	空间固定	随机	空间固定
金融发展水平	0.263***	0.260***	0.246***	0.242***
	(0.037)	(0.036)	(0.008)	(0.007)

续表

解释变量	(11)	(12)	(13)	(14)
	逆距离矩阵		4阶近邻矩阵	
	随机	空间固定	随机	空间固定
人均GDP	-0.019***	-0.018***	0.008***	0.008***
	(0.004)	(0.004)	(0.001)	(0.001)
人力资本投入	0.016***	0.015***	0.001	0.001
	(0.004)	(0.004)	(0.001)	(0.001)
产业结构	0.000	0.001	0.000	0.000
	(0.000)	(0.000)	(0.000)	(0.000)
对外开放程度	-10.450***	-10.904***	-2.221***	-2.339***
	(1.209)	(1.181)	(0.260)	(0.253)
全社会固定资产投资	0.295*	0.272*	0.498***	0.479***
	(0.152)	(0.149)	(0.032)	(0.031)
常数项	-35.551***		0.924***	
	(0.782)		(0.119)	
W×金融发展水平	0.027***	0.026***	0.099***	0.098***
	(0.002)	(0.002)	(0.010)	(0.010)
W×人均GDP	0.092***	0.091***	0.013***	0.012***
	(0.001)	(0.001)	(0.001)	(0.001)
W×人力资本投入	0.018***	0.018***	-0.002	-0.001
	(0.000)	(0.000)	(0.001)	(0.001)
W×产业结构	0.000	0.000***	-0.000	-0.000
	(0.000)	(0.000)	(0.000)	(0.000)
W×对外开放程度	4.958***	5.232***	-0.251	-0.183
	(0.153)	(0.149)	(0.385)	(0.377)
W×全社会固定资产投资	-0.684***	-0.677***	-0.168***	-0.156***
	(0.010)	(0.010)	(0.046)	(0.045)
ρ	0.281***	0.281***	0.676***	0.681***
	(0.000)	(0.000)	(0.008)	(0.008)
sigma2_e	6.026***	5.747***	0.273***	0.259***
	(0.101)	(0.094)	(0.005)	(0.004)
观察值	7568	7568	7568	7568

注：括号内数字为t值，***、*分别表示在1%、10%水平下显著。

综合表5-6及上文的检验结果可以看出，替换为逆距离矩阵和4阶近邻矩阵的检验结果和采用邻接权重矩阵得出的核心解释变量及空间滞后项对技术创新作用的方向基本保持一致，显著性也并未发生较大改变，说明上述关于金融发展对技术创新的空间影响的结论是较为稳定的。

第四节　本章小结

本章基于第二章对于金融发展影响技术创新的机制分析以及建立的理论框架，在实证中增加地理空间因素，考察金融发展对中国技术创新的空间影响，对中国金融发展对技术创新的作用机制进行检验。本章选取我国 2003～2017 年的地市级数据，以反映技术创新能力的"专利申请量"为被解释变量，以反映金融发展水平的"金融机构存贷款之和占 GDP 的比重"为核心解释变量，同时引入人均 GDP、人力资本投入、产业结构、对外开放程度、全社会固定资产投资五个控制变量，采用空间杜宾模型检验我国金融发展与技术创新的空间联系。实证结果表明：①本地区技术创新能力的提高会促进周边相邻地区技术创新水平的提升；②金融环境的改善能够对地区技术创新产生明显的正向影响，这一影响不仅体现在某一地区内部，还体现为当前地区金融发展水平的提高能够促进周边地区的技术创新。

第六章　金融发展对技术创新影响的实证检验：企业层面

第一节　引　言

  1978 年实行改革开放以后，中国经济在 40 余年中先后赶超俄、意、英、法、德、日等发达国家，并在 2010 年跃居世界第二大经济体，创造了中国式的"增长奇迹"。然而，随着时间的推移、资源的消耗以及劳动力成本的上升，要素约束、人力资本不足、环境污染、产业附加值低等问题逐渐显现，过去以要素投入带动经济增长的粗放型经济发展模式已不再适合当前形势下的中国。另外，受 2008 年全球金融危机的影响，国外需求不断萎缩，出口对经济增长的作用不断降低，迫使中国进一步提升出口产品的质量及科技含量。在这种国内外环境持续恶化的背景下，党和政府一再强调要坚持走中国特色自主创新道路、实施创新驱动发展战略。目前，实施创新驱动发展战略已成为普遍共识，但由于创新本身具有长周期、高投入、高不确定性等特征，如何充分利用金融发展提供资金支持、缓解信息不对称、减少市场摩擦成为一个重要课题。

企业作为国民经济运行的微观主体，其研发投入可以将生产资源转化为创新竞争力，因此被视作技术创新的核心与基础。为此，无论是发达国家还是发展中国家，都十分重视企业的 R&D 投入。

然而，从国内外文献来看，企业 R&D 投入和其创新产出之间并非能够保持稳定的正向关系。一部分学者的研究结论表明增加企业 R&D 投入会带来专利量的增长以及显著的经济效益（尹恒、柳荻，2016），且这种作用在之后年份中仍然存在（杨勇、原卓，2014）。另一部分学者对此则持怀疑态度。Griffith 等（2006）的实证研究表明企业 R&D 投入降低了其产出水平甚至使其降为负数，认为研发投入并没有带来足够的产出效益。Basu 和 Weil（1998）认为，这并不是彻底否决了研发投入的必要性，而是需要进一步考虑从企业研发投入至创新产出这一过程中的其他条件。也就是说，既要提升企业自身的创新水平，也要依靠良好的外部环境，双管齐下才能够实现企业创新产出的提升。国内学者解维敏和方红星（2011）利用上市公司五年的数据进行实证研究，发现银行市场化改革和地区金融发展对企业 R&D 投入有积极作用，且这种作用在私有企业和小规模企业中表现得更为显著。张志强（2012）对省级面板数据的研究结果说明金融发展的规模与效率可以推动企业研发 R&D 投入，并且存在较大的区域差异。这些文献大多侧重于创新投入，忽视了对创新产出数量及质量的考虑，且在实证中往往选择省级层面数据，对企业层面创新行为的重视程度不足，微观经验证据较为匮乏。综上，虽然在宏观层面创新投入与创新产出的研究趋势较为稳定、成效较为显著，但在企业层面，对于研发投入与创新产出的研究尚未形成有效结论。因此本章后续的实证过程将从投入和产出两个角度进行分析，分别考察金融发展对技术创新投入和技术创新产出的影响。

发达国家的经验表明，金融摩擦是企业进行创新决策的主要障碍之一，而股票发行能够明显改善其融资困境（Kim and Weisbach，2008）。而来自转型经济体和新兴市场的事实则说明信贷市场的开放可以提升银行承担风险的意愿与能力，提高金融机构尤其是商业银行的信贷配给功能，进而引导资金投向更具效率和可持续发展前景的企业和行业，实现产业优化和升级，遏制粗放型经济发展模式，顺利跨越"中等收入"陷阱。然而，国内学者较少研究股票市场与银行市场在影响企业技术创新方面的差异。实际上，由于股票市场和银行市场各自的特征不同，如对信息披露的要求、对待风险的态度、管理风险的能力等，因此在为企业技术创新提供资金支持时会产生不同的效果与影响，因此需要区别对待。鉴于此，本章在城市化的理论框架下探讨银行市场与股票市场对企业技术创新影响的微观机制，以为两者之间的实际关系提供微观经验证据。

第二节　理论分析与研究假设

一、信贷市场与企业创新

企业融资主要有内源融资（现金流）、债权融资（银行贷款）、股权融资（发行股票）三种渠道，这三种渠道都可以为企业的技术创新活动提供资金支持。但是，由于企业利润很大程度上受市场环境的影响，波动性较强，因此难以支撑周期长、风险高的研发投资，而债权融资和股权融资等外源融资方式则可以跨越这一障碍，为技术创新提供长期稳定的资金来源。股权融资通常融资成本较高，而且大部分中小企业都无法达到上市标准，此时银行市场就成为企业技术创新研发资金的主要来源，特别是在属于银行主导型金融体系的国家，银行市场对企业研发的重要性不言而喻。更重要的是，银行信贷会直接影响到企业的研发投入和创新进程。Greenwood 和 Jovanovic（1990）认为，金融中介的出现降低了收集、筛选、处理成本，同时也降低了后续的监管成本，并认为这正是银行市场促进企业技术创新的核心所在。而 King 和 Levine 则指出了金融中介的另一重要功能，即金融中介能够以更低的成本识别具有投资价值的创新项目和创新企业。Benfratello（2008）利用意大利企业数据研究发现随着企业周围银行机构的增加，其创新活动也会越加频繁。Amore 等（2013）以金融市场主导的美国为研究对象，发现企业的创新活动也会随着银行业竞争程度和银行业承担风险能力的增强而增加。Angelini 和 Cetorelli（2000）的研究结论则表明如果放松对银行业的管制，可以促进银行利用差异化策略增加资金供给，降低企业获得贷款支持的资金成本。根据以上讨论，提出本章第一个假设：

假设 1：银行市场发展可以促进企业技术创新。

二、股票市场与企业创新

金融市场最重要的功能就是降低信息不对称带来的逆向选择问题和道德风险，降低企业的融资成本。相比银行市场而言，企业选择在发达的资本市场获得创新项目融资具有三个明显优势：一是没有抵押品要求；二是股权投资不存在利息，不会增加企业的财务压力；三是股东能够分享到创新项目成功所带来的经济效益。然而，这些优势往往也会受到企业内部现金流水平的约束，因此发行股票可以在一定程度上缓解企业的融资约束，年轻企业和新兴企业会更加倾向于选择股权融资。根据以上讨论，提出本章第二个假设：

假设 2：股票市场发展可以促进企业技术创新。

三、企业所有制与企业创新

企业技术创新通常被视为一种动态学习和积累的过程，在此过程中，资源配置的效率很大程度上取决于制度安排。一般来说，政府部门在推动企业技术创新方面发挥着重要作用。这是由于政府部门可以通过设立国家战略项目、建立完善的知识产权法律法规、发布对研究机构的资助计划和国外先进技术引进计划等方式激发企业对创新的热情和积极性。虽然国有企业往往可以凭借天然优势优先享受到政策优惠，但却不一定会将这些资源投入研发活动中。这是因为，一方面，国有企业的实际管理者通常是由政府直接任命，具有任期短、薪酬固定等特点，因此作为"理性经济人"，国有企业的实际控制人可能会更加重视晋升机会和业绩稳定。另一方面，即使有创新活动，其创新产出所带来的经济效益等业绩更有可能落到继任者身上，因此国有企业的管理人员可能更加倾向于风险规避型的保守经营策略，缺乏对创新活动的热情。而非国有企业面对的市场环境更加复杂多变，需要通过技术创新抓住市场机会以实现企业的生存和发展。Choi 等（2011）认为，非国有企业之所以对创新行为具有更高的主动性，主要有以下两个方面的原因：一是非国有企业为了保持企业长期稳定的竞争优势，会更倾向于周期长、回报持续的长期项目；二是非国有企业的员工可以通过技术创新项目与企业建立稳定的劳动关系。根据以上讨论，提出本章第三个假设：

假设 3：金融发展对于非国有企业技术创新的促进作用大于国有企业。

四、行业性质与企业创新

金融体系的基本功能之一就是能够帮助市场参与者分散或转移其风险，这对于支持企业的技术创新活动尤为关键。高技术产业所面临的前沿创新和新技术含量远远超过非高技术产业，也就是说高技术产业在技术创新过程中存在更高的风险。一般而言，股票市场对风险的处理比信贷市场更有效率，对高技术产业技术创新的影响会更加显著。根据以上讨论，提出本章第四个假设：

假设 4：金融发展对于高技术产业技术创新的促进作用大于非高技术产业。

第三节　研究设计

一、模型设定

本书主要基于企业微观层面数据构建非平衡面板数据，进而以此来检验金融发展对于企业技术创新的影响效应。因此，根据前一节的理论分析和现有研究成果，将实证模型设定为如下形式：

$$Input_{i,t} = \alpha_0 + \alpha_1 FD_{i,t} + \alpha_2 X_{i,t} + \varepsilon_{i,t} \tag{6-1}$$

$$Output_{i,t} = \beta_0 + \beta_1 FD_{i,t-1} + \beta_2 X_{i,t-1} + \varepsilon_{i,t} \tag{6-2}$$

式（6-1）和式（6-2）分别从企业技术创新投入和技术创新产出两个角度进行实证检验。其中，$Input_{i,t}$ 表示企业创新的研发投入，$Output_{i,t}$ 表示企业创新的成果产出，由于从创新投入到创新产出需要一定的过程，因此式（6-2）中解释变量滞后一期。此外，$FD_{i,t}$ 表示金融发展变量，是本书的主要解释变量，$X_{i,t}$ 表示控制变量，$\varepsilon_{i,t}$ 表示随机干扰项。

二、变量选择

（一）被解释变量

企业创新投入（Input）。企业创新活动的投入严格来说应该包括资本性的投入和劳动力的投入两种，考虑到本书主要研究金融发展对技术创新的影响，因此暂时只选择资金投入作为企业创新投入的代理变量。具体地，本书首先参考康艳玲等（2011）、解维敏和方红星（2011）的研究，用企业当期研发投入（R&D 投入）来衡量其创新活动的资本投入，为消除企业规模的影响，本书借鉴梁莱歆等（2010）、戴小勇和成力为（2013）等研究，将企业研发投入与当期营业收入的比值作为衡量企业创新投入强度的指标，记为 Input。

企业创新产出（Output）。由于创新投入不一定形成创新产出，本书还需要对创新产出进行检验。企业创新产出通常表现为专利申请或者新产品，相应地，很多学者也选取专利申请量和新产品销售额来衡量企业的创新产出水平。一方面，新产品销售额不仅受到企业创新能力的影响，也受到市场环境、政策倾斜等外部因素的影响，无法直接反映研发活动的产出成果；另一方面，近年来越来越多的相关研究表明基于专利指标来衡量公司层面的创新活动是较为有效的（Aghion et al.，2013；Seru and Amit，2014；Hsu et al.，2014）。在单位时间内的专利数量越多，该公司在当前创新活动中越成功，并且预期有更好的创新前景。此外，企业可能在完成专利申请后由于缴费、时滞等因素未获得专利授权，因此专利申请量比专利授权量更能准确反映其创新水平。综上所述，本书采用企业的专利申请量来衡量其创新产出水平，记为 Output。

（二）解释变量

本书从银行市场发展和股票市场发展两个角度来衡量金融发展，进一步地，将银行市场发展细分为银行市场规模和银行市场结构，将股票市场发展细分为股票市场规模和股票市场宽度。此外，本书还将使用金融业市场化指数这一指标进行稳健性检验。

银行市场规模（BankScale）。当前很多研究采用的金融发展指标都是基于 Rajan 和 Zingales（1998）的成果，采用股票总市值、国内信贷总额以及两者之和占 GDP 的比重。这类指标相对粗糙而不准确。考虑到数据的可得性，本书借鉴沈红波等（2010）、张成思等（2013）、戴伟和张雪芳（2017）的做法，使用金融机构存贷款余额之和与 GDP 的比值来衡量银行市场规模，记为 BankScale。

银行市场结构（BankStructure）。资本是实体经济运行的重要要素，而实体经济带来的储蓄只有通过转化才能形成新的资本，创造新的价值。所以资金由储蓄转化为投资资本的效率能够说明一个地区金融市场服务实体经济的能力，是衡量金融发展效率的重要表现。而我国银行贷款的金额则可以直接反映出当地资本积累程度和投资水平变化。存贷比是指一个地区金融机构年末贷款余额与年末存款余额之比，可以反映出银行资金由储蓄向投资转化的使用效率。如果存贷比较高，说明该地区银行体系内的资金得到了合理利用，反之如果存贷比较低，说明该地区银行体系内部有大量的社会闲散资金未得到有效配置，金融发展水平较低。因此本书参考张杰和高德步（2007）的研究，选取金融机构贷款余额与存款余额之比作为银行市场结构的代理变量，记为 BankStructure。

股票市场规模（StockScale）。Beck 和 Levine（2002）及 Djankov 等（2007）曾经使用股票总市值与 GDP 的比值来衡量各省的股票市场规模，由于我国股市存在部分非流通股，使用股票总市值会高估股票实际供给量，因此本书选择各省股票流通值与 GDP 的比值来衡量股票市场规模，记为 StockScale。

股票市场宽度（StockBreadth）。该指标用于反映股票市场在某一地区的覆盖范围，本书借鉴 Rajan 和 Zingales（1998）的做法，将其定义为各省在上海证券交易所、深圳证券交易所上市的公司数量之和，记为 StockBreadth。

金融业竞争程度（Competition）。中国学者樊纲和王小鲁（2016）在分析整理关于市场化程度和相关衡量指标的基础上，结合科学论证和调查研究构造了"中国市场化指数"。此后，这一指数被众多学者广泛使用。该指数被进一步细分为金融业竞争程度和信贷资金分配市场化。其中，金融业竞争程度指非国有金融机构存款额与全部金融机构存款额的比值。为将其延续至 2017 年，本书对此进行了插值处理，记为 Competition。

信贷资金分配市场化（Allocation）。该指标是樊纲和王小鲁（2016）构造的"中国市场化指数"中的另一个细分指标，指非国有企业贷款额与全部银行贷款额的比值。为将其延续至 2017 年，本书对此进行了插值处理，记为 Allocation。

（三）控制变量

企业规模（Size）。企业规模是影响企业技术创新的重要因素，不同规模的企业在进行技术创新时也会有不同的优势和选择。例如，大规模的企业拥有丰富的资金和人力等资源，而小规模的企业则具备较强的灵活性。熊彼特认为规模大的企业不仅可以拥有更多的创新资源和更强的风险承担能力，其创新成果往往也会形成规模效应。周黎安和罗凯（2005）、李文贵（2015）也认为，企业的创新投入和创新产出会随着其规模扩大而增加。为了控制企业规模对技术创新的影响，本书选取企业年末资产总额的自然对数作为控制变量之一来衡量企业规模，记为 Size。

企业年龄（Age）。一方面，成立时间较长的企业可以累积更多的创新要素，更有利于其开展技术创新活动；另一方面，企业成立时间较长也意味着其技术、工艺、产品等较为成熟，在进行技术创新决策时更加难以权衡。本书将观测年度与成立年度之差的自然对数作为控制变量之一来控制企业成立年限对技术创新的影响，记为 Age。

企业性质（Owner）。该指标是为了分析不同所有权性质的企业在技术创新方面是否具有显著区别。国有企业的实际管理者可能为了职业晋升而尽可能避免进行风险较高的创新项目。此外，国有企业客观上承担了一部分政治任务，从而不利于其出于自身利益最大化而投资技术创新项目。本书根据企业产权性质将所有权类型设置为虚拟变量，当样本企业为国有企业时赋值为 1，当样本企业为非国有企业时赋值为 0，记为 Owner。

所属行业（Industry）。本书分别按照国家统计局印发的《高技术产业（制造业）分类（2017）》和《高技术产业（服务业）分类（2018）》对高技术制造业与高技术服务业进行筛选，前者包括计算机、通信和其他电子设备制造业，医药制造业，铁路、船舶、航空航天和其他运输设备制造业，仪器仪表制造业，专用设备制造业，后者包括软件和信息技术服务业，专业技术服务业，互联网和相关服务，电信、广播电视和卫星传输服务，研究和试验发展。本书根据企业所处行业是否属于高技术产业将所属行业设置为虚拟变量，当样本企业属于高技术产业时赋值为 1，当样本企业属于非高技术产业时赋值为 0，记为 Industry。

资产负债率（Lev）。资产负债率可以显示出企业的资本结构和偿付能力，反映了企业的财务杠杆水平。一般来说较高的财务杠杆水平表明企业经营面临较大的风险，会减少对不确定性较高的研发活动的投资，同时负债较高的企业在进行外部融资时会被要求较高的风险溢价，进而会导致企业融资成本增加；而较低的财务杠杆可以保证持续的研发投入，从而易于通过并购等形式迅速实现技术的吸收与改进（O'Brien，2003），提高创新能力。本书用年末企业负债总额与资产总额的比值来衡量资产负债率，记为 Lev。

资产回报率（ROA）。资产回报率是业界应用最为广泛的衡量银行盈利能力的指标之一，该指标越高，表明企业资产利用效果越好，说明企业在增加收入和节约资金使用等方面取得了良好的效果，否则相反。本书按照企业税后净利润与总资产的比值来计算资产回报率，记为 ROA。

本章实证研究涉及的变量如表 6-1 所示。

表6-1 企业面板数据变量汇总

变量类型	变量名称	变量符号	变量定义
被解释变量	创新投入	Input	企业研发投入与当期营业收入的比值
	创新产出	Output	企业的专利申请量
解释变量	银行市场规模	BankScale	金融机构存贷款余额之和与 GDP 的比值
	银行市场结构	BankStructure	金融机构贷款余额与存款余额的比值
	股票市场规模	StockScale	各省股票流通值与 GDP 的比值
	股票市场宽度	StockBreadth	各省在沪、深交易所上市的公司数量之和
	金融业竞争程度	Competition	中国市场化指数细分指标之一
	信贷资金分配市场化	Allocation	中国市场化指数细分指标之二
控制变量	企业年龄	Age	观测年度与成立年度之差的自然对数
	企业规模	Size	企业年末资产总额的自然对数
	企业性质	Owner	国企赋值为 1，否则为 0
	所属行业	Industry	高技术产业赋值为 1，否则为 0
	资产负债率	Lev	年末企业负债总额与资产总额的比值
	资产回报率	ROA	企业税后净利润与总资产的比值

三、样本选择与数据来源

为了检验金融发展对微观企业层面创新活动的影响，本书首先选取 2007~
2017 年我国沪深两市的所有 A 股上市公司作为初始研究样本，由于 2006 年基
本完成股权分置改革，很多公司层面的研究都选择 2007 年作为起始年份。考
虑到实证需要，本书对初始研究样本进行了如下筛选和整理：第一，剔除金融
业的样本公司；第二，剔除标记为 ST 和 *ST 的样本公司；第三，剔除研发投
入等关键变量缺失的样本公司；第四，剔除其他控制变量数据不完整的样本公
司。此外，为尽量减少异常值对回归结果的影响，本书采用 Winsorize 方法在
1%水平对连续型变量的极端值进行缩尾处理。通过以上步骤的处理，本书最
终得到 3627 家，共计 11335 个观测值的企业样本数据，如表 6-2 所示。

表 6-2　2007~2017 年样本分布情况

年份	2007	2008	2009	2010	2011	2012
样本点个数	21	124	203	398	663	1368
年份	2013	2014	2015	2016	2017	合计
样本点个数	1450	1476	1638	1865	2129	11335

本书的企业数据均来自国泰安（CSMAR）数据库，而宏观金融数据则来
自《中国金融数据库》。本书首先使用 Excel2016 对样本数据进行预处理，然
后在此基础上使用 Stata16.0 对样本数据进行回归分析。

第四节　描述性统计

通过将样本数据导入 STATA16.0 对各个变量进行描述性统计，统计结果
如表 6-3 所示。

表6-3　企业面板数据描述性统计

变量	样本数	均值	标准差	最小值	中位数	最大值
创新投入	9923	4.7891	5.5561	0	3.6300	151.6100
创新产出	9923	88.3721	451.3700	1	22	20107
银行市场规模	9923	3.6290	1.6884	1.3684	3.0170	8.1310
银行市场结构	9923	0.6867	0.1142	0.2328	0.6725	1.1013
股票市场规模	9923	0.9199	1.3063	0.0111	0.3591	5.0861
股票市场宽度	9923	5.1147	0.8687	2.1972	5.4072	6.3509
金融业竞争程度	9923	10.2849	1.2578	0.1950	10.1750	13.4300
信贷资金分配市场化	9923	6.4787	3.0876	-0.3300	6.7900	10.6000
企业年龄	9923	2.6220	0.4587	0	2.7081	3.9120
企业规模	9923	21.9583	1.3102	19.1559	21.7222	28.8572
企业性质	9923	0.3100	0.4625	0	0	1
所属行业	9923	0.1776	0.3822	0	0	1
资产负债率	9923	0.3851	0.2051	0.0075	0.3667	1.3518
资产回报率	9923	0.0446	0.0568	-1.0676	0.0426	0.3840

由表6-3可知，样本企业的创新投入强度为4.7891，整体研发投入强度较高，然而创新投入的最大值为151.61，最小值仅为0，表明沪深两市上市企业研发投入强度存在显著差异。创新产出的均值为88.3721，标准差为451.37，同样可以显示出上市企业在研发水平方面的差距较大。在解释变量中，股票市场规模和股票市场宽度的均值分别为0.9199和5.1147，标准差分别为1.3063和0.8687，最大值和最小值之差分别达到5.075和4.1537，表明我国不同省份和地区间股票市场发展水平确实存在一定差异。相比之下，银行市场规模的差距略大，而银行市场结构的差距略小。金融业竞争程度和信贷资金分配市场化的均值分别为10.2849和6.4787，标准差分别为1.2578和3.0876。上市公司方面，企业平均成立2.6220年；由于进行了对数处理，企业规模标准差较小，基本处于同一规模层级上；企业性质均值为0.31，说明有将近1/3的样本企业为国有企业；所属行业的均值为0.1776，中位数为

0.3822，表明样本企业中有少部分企业属于高技术企业，这为进行异质性分析奠定了基础；资产负债率均值为 0.3851，整体负债水平较低，财务风险可控，但是较高的标准差表明样本企业的债务水平差异较大，最大值与最小值之间的差距同样也说明了这一点；资产回报率均值为 0.0446，但最大值为正数，最小值为负数，说明样本企业的盈利能力差别很大。

第五节　实证检验及结果分析

本节主要利用企业微观层面的非平衡面板数据建立面板模型，并以此来检验金融发展对企业技术创新的影响。根据上文的理论机制分析，本节接下来将从银行市场规模、银行市场结构、股票市场规模、股票市场深度等方面刻画金融发展水平，进而实证检验金融发展对企业技术创新的影响效应。

一、银行市场发展对企业技术创新影响的实证分析

（一）基本回归分析

首先，需要说明的是，由于本章采用的是非平衡面板数据，因此在实证分析之前应该选择适当的模型，本书通过 Hausman 检验来确定选择固定效应模型还是随机效应模型。如果 Hausman 检验显著拒绝原假设，则应选择固定效应模型。检验结果显示 P 值为 0.0000，拒绝随机效应模型，所以选择固定效应模型作为进一步分析的回归模型。

从表 6-4 列示的模型（1）的结果可知，银行市场规模的回归系数为 0.306，显著为正，这表明银行市场规模越大，越有利于企业增加创新投入。一方面，市场规模的扩大意味着银行业内部竞争激烈程度上升，为了提高竞争力、保持甚至扩大市场份额，银行可能会在更广阔的范围内寻找优质企业或项

目，有利于降低银行对抵押品及贷款额门槛的要求，也会对银行的保本贷款额和期望收益率产生影响，进而有利于企业提高贷款可得性，降低融资成本，从而加大对研发创新的投入。另一方面，近年来随着商业银行股份制改革、对外开放的有序推进，国有银行的市场份额逐渐降低，而股份制银行、城市商业银行的市场份额稳步上升，银行业市场规模的扩大反映出了中小银行的蓬勃发展，这有利于弱化政府行为对信贷资金的干预，增强银行市场活力，更加合理高效地配置信贷资源，进而有利于企业获得银行贷款支持，提高其创新热情。

表6-4　银行市场发展对企业技术创新投入的影响

解释变量	(1)	(2)	(3)	(4)
	当期	滞后一期	当期	滞后一期
银行市场规模	0.306 **	0.170 *		
	(0.119)	(0.122)		
银行市场结构			2.756 ***	2.959 ***
			(0.819)	(0.840)
企业年龄	0.657 ***	0.118 *	0.808 ***	0.216
	(0.185)	(0.225)	(0.167)	(0.197)
企业规模	0.127 *	0.065	−0.077	0.108
	(0.076)	(0.083)	(0.074)	(0.081)
企业性质	0.468	0.607 *	0.429	0.599 *
	(0.368)	(0.361)	(0.367)	(0.360)
所属行业	0.263	0.044	0.254	0.054
	(0.241)	(0.257)	(0.241)	(0.256)
资产负债率	−2.909 ***	−3.871 ***	−2.919 ***	−3.893 ***
	(0.318)	(0.346)	(0.318)	(0.345)
资产回报率	−6.335 ***	−8.013 ***	−6.383 ***	−8.056 ***
	(0.564)	(0.664)	(0.564)	(0.663)
常数项	5.817 ***	3.862 ***	3.479 **	1.159
	(1.371)	(1.489)	(1.479)	(1.608)
观察值	14305	13021	14305	13021

解释变量	(1)	(2)	(3)	(4)
	当期	滞后一期	当期	滞后一期
截面个数	2986	2680	2986	2680
R^2	0.054	0.032	0.006	0.004

注：括号内数字为 t 值，＊＊＊、＊＊、＊分别表示在1%、5%、10%水平下显著。

从表6-4列示的模型（3）的结果可知，银行市场结构的回归系数为2.756，显著为正，这表明银行市场存贷比越高，越有利于企业增加创新投入。这是由于随着银行贷款余额与银行存款余额之比变大，银行的资金使用能力有所提升，社会闲散资金转化为投资资本的效率更高，间接满足了企业的贷款需求，降低了其融资约束，进而有助于促进企业进行创新活动。

从控制变量的回归结果来看，企业年龄、企业规模的回归系数基本为正数，表明与企业创新投入之间存在正相关关系，这与现实经验基本一致。相比新设立的企业与中小企业，成立年限较长、规模较大的企业具有更多的资源和更强的抗风险能力，并且能够获得规模效应。此外，资产负债率、资产回报率的回归系数显著为负，也就是说企业过高的负债水平和盈利能力并不利于企业增加创新投入，这可能是由于资产负债率较高的企业财务压力较大，没有足够的资金支持其创新活动，同时如果企业当前的盈利水平已经处于较高水平，那么会降低其创新积极性。另外，企业产权性质对创新投入并无显著影响，可待后续进行异质性分析。

考虑到银行市场发展存在的时滞性以及企业面板数据可能存在的内生性问题，本书将相关变量滞后一期进行检验，具体结果如表6-4中的模型（2）和模型（4）所示。从回归结果可知，银行市场规模、银行市场结构与企业创新投入之间依然存在正相关关系，而控制变量的回归结果也没有发生显著变化。

此外，企业创新产出方面，考虑到创新有一定的时滞性，因此采用式（6-2）为回归模型，具体回归结果如表6-5中的模型（5）与模型（6）所示。可以看出，主要解释变量银行市场规模与银行市场结构的回归系数显著为正，这说明银行市场发展对企业的创新产出具有促进作用。从其他控制变量回归结果来看，大多数变量回归结果与前文基本保持一致，由此验证了假设1。

表6-5　银行市场发展对企业技术创新产出的影响

解释变量	(5)	(6)
银行市场规模	18.892***	
	(6.213)	
银行市场结构		207.725***
		(47.432)
企业年龄	45.338***	63.955***
	(10.614)	(9.489)
企业规模	56.943***	60.633***
	(4.714)	(4.553)
企业性质	10.446	7.664
	(16.713)	(16.695)
所属行业	−0.964	−2.254
	(13.795)	(13.791)
资产负债率	−1.636	−9.023
	(19.533)	(19.472)
资产回报率	213.383***	212.107***
	(44.592)	(44.576)
常数项	−1364.559***	−1279.095***
	(86.909)	(90.782)
观察值	15546	15546
截面个数	2804	2804
R^2	0.037	0.038

注：括号内数字为t值，＊＊＊表示在1%水平下显著。

（二）异质性分析

为验证假设3，在此按照是否属于国有企业对样本进行分类并进行异质性分析，检验结果如表6-6与表6-7所示。学者们在国有企业技术创新产出方面的研究已经积累了十分丰富的成果，结论大都表明国有企业产权会对企业技术创新产生一些负面影响，加深企业国有化程度并不利于企业技术创新，这与本书表6-6所显示的结果一致。可以看出，银行市场规模与银行市场结构的回归系数仅在非国有企业样本中显著，这说明与国有企业相比，银行市场的发展更能够促进非国有企业加大技术创新投入。然而，表6-7所列示的结果却并不支持传统结论：无论是银行市场规模还是银行市场结构，虽然对非国有企业的技术创新产出有正面的促进作用，但这种促进作用并没有统计上的显著差异。这意味着，尽管银行市场发展的确可以增加非国有企业的技术创新投入，但这种投入却并非都能形成有效的技术创新产出。与此形成鲜明对比的是，银行市场发展虽然没有很大程度上激励国有企业加大研发投入，但更显著地提高了其技术创新产出能力。综上可知，银行市场发展对非国有企业的技术创新投入促进作用更强，而对国有企业的技术创新产出促进作用更强，也就是说银行市场发展对国有企业的技术创新效率的促进作用较之非国有企业更高。这一结论就银行市场的部分验证了本书的研究假设3。

表6-6 银行市场发展对企业技术创新投入的影响（按企业性质分类）

解释变量	（7）	（8）	（9）	（10）
	国有企业	非国有企业	国有企业	非国有企业
银行市场规模	0.208	0.275*		
	(0.170)	(0.159)		
银行市场结构			0.488	3.765***
			(1.166)	(1.082)
企业年龄	1.393***	0.569***	1.607***	0.672***
	(0.386)	(0.216)	(0.339)	(0.196)
企业规模	-0.352**	-0.077	-0.330**	-0.027
	(0.143)	(0.091)	(0.141)	(0.088)

续表

解释变量	（7）	（8）	（9）	（10）
	国有企业	非国有企业	国有企业	非国有企业
所属行业	−0.813	0.390	−0.793	0.373
	（0.519）	（0.280）	（0.519）	（0.279）
资产负债率	−1.156*	−3.235***	−1.198**	−3.212***
	（0.604）	（0.380）	（0.604）	（0.380）
资产回报率	−3.928***	−6.846***	−3.948***	−6.901***
	（1.131）	（0.660）	（1.131）	（0.659）
常数项	7.268***	5.813***	6.599**	2.746
	（2.706）	（1.606）	（2.774）	（1.781）
观察值	4096	10209	4096	10209
截面个数	850	2191	850	2191
R^2	0.021	0.081	0.010	0.004

注：括号内数字为 t 值，***、**、* 分别表示在 1%、5%、10% 水平下显著。

表6-7　银行市场发展对企业技术创新产出的影响（按企业性质分类）

解释变量	（11）	（12）	（13）	（14）
	国有企业	非国有企业	国有企业	非国有企业
银行市场规模	7.422*	3.733		
	（10.524）	（7.754）		
银行市场结构			520.109***	25.819
			（83.278）	（55.300）
企业年龄	124.210***	17.789*	147.639***	20.436**
	（22.922）	（10.792）	（19.967）	（9.731）
企业规模	88.307***	43.395***	90.483***	44.080***
	（9.812）	（4.934）	（9.591）	（4.699）
所属行业	−0.993	15.625	1.749	15.157
	（26.067）	（14.196）	（25.972）	（14.191）
资产负债率	30.480	7.059	27.902	6.145
	（41.368）	（20.169）	（41.067）	（20.170）

续表

解释变量	（11）	（12）	（13）	（14）
	国有企业	非国有企业	国有企业	非国有企业
资产回报率	277.857***	181.501***	245.070***	182.134***
	(90.385)	(46.570)	(90.203)	(46.587)
常数项	−2275.277***	−940.709***	−2002.006***	−930.810***
	(185.411)	(88.688)	(187.480)	(95.494)
观察值	6177	9369	6177	9369
截面个数	997	1908	997	1908
R^2	0.065	0.027	0.068	0.028

注：括号内数字为 t 值，***、**、*分别表示在1%、5%、10%水平下显著。

为验证假设4，在此按照是否属于高技术企业对样本进行分类并进行异质性分析，检验结果如表6-8与表6-9所示。从表6-8的模型（15）和模型（16）可以看出，银行市场规模对高技术企业的技术创新投入具有显著的促进作用，对非高技术企业的促进作用不显著；以模型（17）和模型（18）可以看出，银行市场结构对高技术企业和非高技术企业的技术创新投入均具有显著的促进作用，但对高技术企业的促进作用更强、更显著。表6-9表明，无论是银行市场规模还是银行市场结构，都与非高技术企业的技术创新产出显著正相关，这与过往的经验研究结论有所不符。这说明，当下研究不应当直接以原有研究结论做起点，也不能过分高估高技术企业的技术创新能力或低估非高技术企业的技术创新能力。一方面，高技术企业由于其自身所处行业特征，必须通过加大技术创新投入来保持优势或者实现突破，但技术密集行业的创新往往比传统行业难度更大、风险更高，因此可能投入很多创新资源却收获无几；另一方面，非高技术企业在寻求转型的过程中，也会打破常规，以技术为主要突破口，这些企业可以在有限资源约束下充分运用创新资本，获得意想不到的成果。此外，虽然检验结果显示银行市场发展给非高技术企业带来了更多的技术创新成果，但无法显示其成果质量，这意味着非高技术企业的技术创新产出可能是"量"的取胜，而非"质"的提高。

表6-8　银行市场发展对企业技术创新投入的影响（按是否属于高技术企业分类）

解释变量	（15）	（16）	（17）	（18）
	高技术企业	非高技术企业	高技术企业	非高技术企业
银行市场规模	0.827***	0.160		
	(0.215)	(0.138)		
银行市场结构			5.177***	1.916**
			(1.446)	(0.957)
企业年龄	1.030***	0.677***	1.437***	0.753***
	(0.372)	(0.214)	(0.342)	(0.192)
企业规模	-0.623***	-0.089	-0.489***	-0.062
	(0.159)	(0.087)	(0.156)	(0.085)
企业性质	2.762***	0.083	2.495***	0.071
	(0.699)	(0.428)	(0.701)	(0.427)
资产负债率	-1.860***	-2.929***	-1.906***	-2.929***
	(0.620)	(0.369)	(0.620)	(0.368)
资产回报率	-11.481***	-5.484***	-11.928***	-5.492***
	(1.205)	(0.629)	(1.202)	(0.629)
常数项	14.131***	5.335***	9.553***	3.742**
	(2.909)	(1.585)	(3.037)	(1.723)
观察值	2563	11742	2563	11742
截面个数	596	2508	596	2508
R^2	0.003	0.070	0.009	0.021

注：括号内数字为t值，***、**分别表示在1%、5%水平下显著。

表6-9　银行市场发展对企业技术创新产出的影响（按是否属于高技术企业分类）

解释变量	（19）	（20）	（21）	（22）
	高技术企业	非高技术企业	高技术企业	非高技术企业
银行市场规模	-7.198	22.614***		
	(6.566)	(7.438)		
银行市场结构			-13.415	229.624***
			(50.131)	(56.670)

解释变量	（19）	（20）	（21）	（22）
	高技术企业	非高技术企业	高技术企业	非高技术企业
企业年龄	−7.367	54.438 ***	−12.272	76.215 ***
	（11.738）	（12.750）	（10.816）	（11.342）
企业规模	50.446 ***	62.331 ***	48.939 ***	66.827 ***
	（5.488）	（5.684）	（5.332）	（5.484）
企业性质	−43.971 **	19.257	−42.546 **	15.450
	（18.133）	（20.317）	（18.129）	（20.303）
资产负债率	−24.050	−0.070	−23.819	−9.994
	（21.374）	（23.551）	（21.380）	（23.455）
资产回报率	74.190	256.368 ***	76.029 *	251.900 ***
	（45.596）	（54.135）	（45.675）	（54.136）
常数项	−976.962 ***	−1524.746 ***	−947.538 ***	−1435.815 ***
	（100.447）	（105.422）	（104.796）	（109.980）
观察值	2543	13003	2543	13003
截面个数	540	2401	540	2401
R^2	0.137	0.035	0.159	0.036

注：括号内数字为 t 值，***、**、* 分别表示在1%、5%、10%水平下显著。

（三）稳健性检验

为使检验结果及实证结论更具有说服力，本书将进行稳健性检验。前文主要是采用银行市场规模与银行市场结构作为银行市场发展的代理变量来考察对企业技术创新的影响，此处利用樊纲和王小鲁（2016）的"金融业市场化指数"中细分指标之一的"信贷资金配置市场化"对全样本进行检验。信贷资金配置市场化是指非国有企业贷款额与全部银行贷款额的比值，由于银行市场是信贷资金的主要来源，因此本书认为这一指标可以在一定程度上说明银行市场的发展情况。具体回归结果如表6-10所示。

从表6-10可以看出，将银行市场发展变量替换为金融业市场化指数后，其对企业技术创新投入与技术创新产出的系数显著为正，这说明本书的研究结论是稳健的。

表 6-10　银行市场发展对企业技术创新的影响（稳健性检验）

解释变量	（23）	（24）
	创新投入	创新产出
信贷资金配置市场化	0.088**	0.135
	（0.038）	（2.116）
企业年龄	0.733***	61.464***
	（0.161）	（9.800）
企业规模	-0.049	60.081***
	（0.070）	（4.373）
企业性质	0.432	-1.471
	（0.342）	（15.850）
所属行业	0.081	2.273
	（0.231）	（13.117）
资产负债率	-3.026***	-37.568**
	（0.303）	（18.868）
资产回报率	-6.532***	59.214
	（0.537）	（41.352）
常数项	4.455***	-1397.953***
	（1.317）	（80.219）
观察值	15056	17970
截面个数	3023	3153
R^2	0.014	0.037

注：括号内数字为 t 值，***、** 分别表示在 1%、5% 水平下显著。

二、股票市场发展对企业技术创新影响的实证分析

（一）基本回归分析

由表 6-11 中的模型（25）可以看出，股票市场规模的回归系数为 0.216 且显著为正，这表明股票市场规模越大，越有利于企业增加技术创新投入，但在原理和机制上与银行市场有明显区别。在股票市场中，企业能够以待开发技

术和产品的潜在高额回报吸引投资者，这在一定程度上与企业技术创新高投入、高风险的特征相匹配。同时股票市场能够提供一套完整的风险管理工具、资产定价机制，投资者也仅承担有限责任，因此企业通过发行股票进行直接融资往往更容易获得资金支持。银行市场中，银行机构出于安全性考虑，一般对创新项目持有谨慎态度，因此投资动力不强，其对技术创新投入的促进作用更多的是通过扩张社会信贷资金、缓解融资约束来实现的。总体而言，股票市场更适合为技术创新企业提供资金支持，所以股票市场规模的扩大更加有利于企业提高创新热情。

表6-11 股票市场发展对企业技术创新投入的影响

解释变量	(25)	(26)	(27)	(28)
	当期	滞后一期	当期	滞后一期
股票市场规模	0.216**	0.022		
	(0.106)	(0.116)		
股票市场宽度			0.945***	1.490***
			(0.271)	(0.329)
企业年龄	0.933***	0.226	0.271	-0.731**
	(0.204)	(0.241)	(0.221)	(0.296)
企业规模	0.216**	0.035	-0.151**	-0.021
	(0.089)	(0.098)	(0.076)	(0.082)
企业性质	0.115	0.210	0.425	0.561
	(0.433)	(0.427)	(0.342)	(0.350)
所属行业	0.011	-0.218	0.050	0.032
	(0.277)	(0.295)	(0.231)	(0.253)
资产负债率	-3.051***	-4.077***	-2.866***	-3.643***
	(0.385)	(0.422)	(0.305)	(0.340)
资产回报率	-5.897***	-7.346***	-6.468***	-7.718***
	(0.661)	(0.811)	(0.538)	(0.653)
常数项	8.212***	5.109***	3.673***	1.143
	(1.656)	(1.799)	(1.350)	(1.537)

续表

解释变量	(25)	(26)	(27)	(28)
	当期	滞后一期	当期	滞后一期
观察值	11335	10460	15056	13282
截面个数	2502	2366	3023	2690
R^2	0.079	0.048	0.055	0.051

注：括号内数字为 t 值，＊＊＊、＊＊分别表示在 1%、5%水平下显著。

从表 6-11 列示的模型（27）的结果来看，股票市场宽度的回归系数显著为正，这表明股票市场在某一地区的覆盖范围越广，越能够促进企业加大研发投入。这是因为随着当地上市公司企业逐渐增多，其股票市场活力会随之增强，因此信息传递功能、资源配置功能会有所提升，有技术创新计划的企业会更倾向于在这样的股票市场上开发直接融资渠道，同时还能更迅速地发现各种市场信息以最大化降低风险。

从控制变量的回归结果来看，企业年龄、企业规模的回归系数基本为正数，表明与企业创新投入之间存在正相关关系。此外，资产负债率、资产回报率的回归系数显著为负，这可能是由于资产负债率较高的企业更容易陷入财务危机，因而不愿意进行创新，而资产回报率较高的企业出于扩大市场份额的目的，更多地选择固定资产投资而不是进行创新投资。另外，与银行市场部分的研究结果相同，企业产权性质对创新投入并无显著影响，有待进一步分析。

考虑到股票市场发展存在的时滞性以及企业面板数据可能存在的内生性问题，本书将相关变量滞后一期进行检验，具体结果见表 6-11 中的模型（26）和模型（28）。从滞后一期的回归结果可以看出，股票市场规模与股票市场宽度与企业创新投入之间依然存在正相关关系，而控制变量的回归结果也没有发生显著变化，与已有结论基本保持一致。

此外，从企业技术创新产出的角度对专利申请量按照式（6-2）进行回归检验，检验结果如表 6-12 所示。可以看出，主要解释变量股票市场规模与股票市场宽度的回归系数仍然显著为正，其他控制变量的结果也未发生变化，大多数变量的回归结果与前文基本保持一致，由此验证了假设2。

表6-12 股票市场发展对企业技术创新产出的影响

解释变量	（29）	（30）
股票市场规模	38.818***	
	(5.432)	
股票市场宽度		65.296***
		(13.311)
企业年龄	60.774***	17.736
	(12.011)	(12.507)
企业规模	61.682***	52.582***
	(5.618)	(4.762)
企业性质	25.755	10.645
	(20.584)	(16.294)
所属行业	−4.100	1.101
	(16.984)	(13.606)
资产负债率	−16.095	6.610
	(24.293)	(19.338)
资产回报率	233.498***	217.808***
	(55.057)	(43.891)
常数项	−1471.427***	−1452.935***
	(105.243)	(84.051)
观察值	12635	15791
截面个数	2484	2816
R^2	0.035	0.041

注：括号内数字为t值，***表示在1%水平下显著。

（二）异质性分析

为进一步验证假设3，本书按照是否属于国有企业对样本进行分类并进行异质性分析，检验结果如表6-13和表6-14所示。一般而言，相较于国有企业，非国有企业对金融市场发展更加敏感，而市场化程度更高的股票市场更是受到了众多非国有企业的青睐。也就是说，股票市场发展对非国有企业技术创新的促进作用更加显著，这与表6-13所示结果一致。可以看出，股票市场规模与股票市场宽度的回归系数仅在非国有企业样本中显著，这说明与国有企业相比，股票市场的发展更能够促进非国有企业加大技术创新投入。然而，表6-14却从技术创新产出的角度驳斥了这一结论：无论是股票市场规模还是股票市场宽度，都对国有企业发挥出了与非国有企业相近的促进作用，甚至股票市场规模对于国有企业的促进作用更为显著。这意味着国有企业逐渐摆脱或者放松行政束缚，并积极地向市场经济主体进行转变。通过模型（35）和模型（36）的对比可以看出，股票市场规模对国有企业的促进作用更加明显，原因可能在于国有企业拥有远超非国有企业的专业人才，使企业的技术创新活动大大降低了偶发性，进而使创新资源的使用更有效率。而模型（37）和模型（38）的对比则表明股票市场宽度增加，能够更好地提升非国有企业的技术创新产出水平。这一结论就股票市场的部分验证了本书的假设3。

表6-13　股票市场发展对企业技术创新投入的影响（按企业性质分类）

解释变量	（31）	（32）	（33）	（34）
	国有企业	非国有企业	国有企业	非国有企业
股票市场规模	0.102	0.309**		
	(0.145)	(0.142)		
股票市场宽度			0.332	1.115***
			(0.487)	(0.329)
企业年龄	1.721***	0.807***	1.301***	0.073
	(0.388)	(0.245)	(0.450)	(0.258)
企业规模	-0.602***	-0.147	-0.304**	-0.134
	(0.169)	(0.108)	(0.136)	(0.091)

续表

解释变量	(31)	(32)	(33)	(34)
	国有企业	非国有企业	国有企业	非国有企业
所属行业	-0.926	0.151	-0.651	0.107
	(0.619)	(0.322)	(0.480)	(0.270)
资产负债率	-1.164*	-3.500***	-1.135**	-3.186***
	(0.704)	(0.471)	(0.562)	(0.368)
资产回报率	-5.037***	-6.020***	-3.787***	-7.026***
	(1.369)	(0.777)	(1.050)	(0.633)
常数项	12.814***	7.648***	5.614**	3.482**
	(3.216)	(1.969)	(2.572)	(1.609)
观察值	3417	7918	4380	10676
截面个数	735	1811	863	2221
R^2	0.023	0.091	0.018	0.042

注：括号内数字为 t 值，***、**、*分别表示在 1%、5%、10%水平下显著。

表6-14　股票市场发展对企业技术创新产出的影响（按企业性质分类）

解释变量	(35)	(36)	(37)	(38)
	国有企业	非国有企业	国有企业	非国有企业
股票市场规模	44.361***	13.980*		
	(7.991)	(7.884)		
股票市场宽度			36.152*	45.231***
			(24.357)	(15.304)
企业年龄	120.533***	22.555*	102.326***	-6.800
	(24.257)	(12.654)	(26.369)	(13.019)
企业规模	93.520***	45.865***	85.372***	38.957***
	(11.414)	(5.961)	(10.002)	(4.949)
所属行业	-9.592	18.542	-1.165	17.162
	(31.776)	(17.341)	(25.344)	(14.007)
资产负债率	26.948	-1.974	33.594	14.431
	(48.376)	(26.162)	(40.596)	(20.085)

续表

解释变量	(35)	(36)	(37)	(38)
	国有企业	非国有企业	国有企业	非国有企业
资产回报率	280.461***	185.597***	285.512***	181.667***
	(105.975)	(59.410)	(88.731)	(45.926)
常数项	−2389.622***	−994.794***	−2291.197***	−1000.953***
	(215.077)	(110.209)	(179.714)	(86.880)
观察值	5294	7341	6276	9515
截面个数	909	1658	1001	1918
R^2	0.087	0.026	0.071	0.027

注：括号内数字为 t 值，***、*分别表示在 1%、10% 水平下显著。

为验证假设 4，本书同样按照是否属于高技术企业对样本进行分类并进行异质性分析，进一步检验股票市场发展对企业技术创新的影响，结果如表 6-15 和表 6-16 所示。

表 6-15　股票市场发展对企业技术创新投入的影响

（按是否属于高技术企业分类）

解释变量	(39)	(40)	(41)	(42)
	高技术企业	非高技术企业	高技术企业	非高技术企业
股票市场规模	0.006	0.285**		
	(0.194)	(0.120)		
股票市场宽度			0.501	1.069***
			(0.590)	(0.304)
企业年龄	1.845***	0.787***	1.399***	0.153
	(0.378)	(0.240)	(0.438)	(0.254)
企业规模	−0.613***	−0.200*	−0.514***	−0.159*
	(0.181)	(0.104)	(0.163)	(0.086)
企业性质	1.122	−0.012	2.550***	0.104
	(0.777)	(0.506)	(0.670)	(0.392)

续表

解释变量	（39）	（40）	（41）	（42）
	高技术企业	非高技术企业	高技术企业	非高技术企业
资产负债率	−2.693***	−2.833***	−2.181***	−2.738***
	（0.746）	（0.447）	（0.604）	（0.351）
资产回报率	−10.871***	−5.114***	−11.042***	−5.682***
	（1.349）	（0.740）	（1.145）	（0.596）
常数项	15.372***	7.917***	11.423***	3.302**
	（3.397）	（1.935）	（2.871）	（1.550）
观察值	1978	9357	2699	12357
截面个数	492	2111	606	2539
R^2	0.000	0.098	0.001	0.065

注：括号内数字为 t 值，***、**、* 分别表示在 1%、5%、10% 水平下显著。

表 6-16　股票市场发展对企业技术创新产出的影响（按是否属于高技术企业分类）

解释变量	（43）	（44）	（45）	（46）
	高技术企业	非高技术企业	高技术企业	非高技术企业
股票市场规模	13.311***	44.899***		
	（4.647）	（6.573）		
股票市场宽度			42.993***	65.490***
			（15.573）	（15.888）
企业年龄	−3.852	70.920***	−36.103***	29.115*
	（11.283）	（14.470）	（13.325）	（15.127）
企业规模	42.947***	69.151***	41.907***	58.903***
	（5.663）	（6.760）	（5.645）	（5.737）
企业性质	12.626	21.425	−41.755**	19.869
	（19.164）	（24.810）	（17.844）	（19.761）
资产负债率	3.852	−23.423	−18.351	6.645
	（24.302）	（28.947）	（21.057）	（23.303）
资产回报率	84.506*	276.332***	77.827*	260.403***
	（49.149）	（66.483）	（44.788）	（53.277）

续表

解释变量	（43）	（44）	（45）	（46）
	高技术企业	非高技术企业	高技术企业	非高技术企业
常数项	−884.807***	−1663.184***	−949.855***	−1628.416***
	（105.482）	（127.258）	（96.530）	（101.992）
观察值	1997	10638	2593	13198
截面个数	457	2139	544	2410
R^2	0.158	0.035	0.089	0.042

注：括号内数字为 t 值，***、**、* 分别表示在 1%、5%、10% 水平下显著。

从表 6-15 可以看出，股票市场规模对非高技术企业的技术创新投入具有显著的促进作用，对高技术企业的促进作用不显著；股票市场宽度也一样。这说明股票市场对高技术企业的技术创新投入并不如预想的那样发挥着关键作用，原因可能是由于高技术企业所处产业往往是产品附加价值高、增长速度快的关键领域，国家出于长远战略考虑会有针对性地为其拨付研发资金，保障其创新资源的供应。另外，由于股票市场的信息流通速度更快、传播更广，这些关键产业中的企业为了保密性和安全性不太会选择股票市场来补充资金。表6-16 的结果显示，在高技术企业样本和非高技术企业样本中，股票市场规模和股票市场宽度的回归系数都显著为正。这说明虽然股票市场为非高技术企业提供了更为充足的研发资金，但由于其创新基础较弱，无法更大程度地转化为创新产出，而高技术企业则降低了创新资金的无谓消耗，创新投入转化得更加有效。这一结论就股票市场部分验证了本书的假设 4。

（三）稳健性检验

为提升检验结果及实证结论的稳健性，此处用"金融业市场化指数"中细分指标之一的"金融业竞争程度"来衡量股票市场发展，并进行稳健性检验，结果如表 6-17 所示。可以看出，将股票市场发展变量替换为金融业竞争程度后，金融业竞争程度的相关系数均显著为正，这说明本书的研究结论是稳健的。

表6-17 股票市场发展对企业技术创新的影响（稳健性检验）

解释变量	(47)	(48)
	创新投入	创新产出
金融业竞争程度	0.227***	11.858***
	(0.050)	(2.792)
企业年龄	0.233	94.219***
	(0.203)	(12.130)
企业规模	-0.148**	66.269***
	(0.073)	(4.599)
企业性质	0.436	-4.945
	(0.342)	(15.847)
所属行业	0.048	2.299
	(0.231)	(13.106)
资产负债率	-2.898***	-47.787**
	(0.304)	(19.009)
资产回报率	-6.485***	47.191
	(0.537)	(41.403)
常数项	6.115***	-1494.485***
	(1.323)	(83.326)
观察值	15056	17970
截面个数	3023	3153
R^2	0.047	0.032

注：括号内数字为t值，***、**分别表示在1%、5%水平下显著。

三、关于内生性的讨论

实证检验中的内生性问题可能是由于逆向因果（又称联立性）和遗漏变量带来的"共同决定"导致的。就本书而言，被解释变量——技术创新投入和技术创新产出是企业层面的行为，而解释变量——金融发展则是宏观层面的变量，前者对后者产生逆向因果的可能性很小。"共同决定"是指，如果某些不可观测的解释变量同时对被解释变量和解释变量产生影响，并且没有纳入模型中，就会使两者之间出现伪回归结果。在本书的背景下，这些不可观测的变量可能是企业所属行业、企业家精神等。本章是采用固定效应模型来进行静态面板回归的，可以有效地控制上述企业层面不随时间变化的因素。此外，在进行回归时有意识地对模型中的相关变量滞后一期也可以减少内生性问题。

第六节 本章小结

本章基于第四章和第五章的实证结果，从微观层面进一步验证金融发展对企业技术创新投入和企业技术创新产出的作用效果。以反映银行市场规模的"金融机构存贷款余额之和与 GDP 的比值"、反映银行市场结构的"金融机构贷款余额与存款余额之比"、反映股票市场规模的"各省股票流通值与 GDP 的比值"、反映股票市场宽度的"各省在沪深交易所上市的公司数量之和"四个指标代表我国金融发展水平，以"研发投入与当期营业收入的比值"和"企业专利申请量"作为企业技术创新投入和技术创新产出的代理指标，同时引入企业年龄、企业规模、企业性质、资产负债率、资产回报率、所属行业六个控制变量，验证金融发展对我国企业技术创新的作用效果。实证结果表明：①银行市场发展能有效促进企业加大技术创新投入、提升技术创新产出水平；②股票市场发展也能够从投入和产出两方面促进企业技术创新；③相较于国有企业，银行市场发展仅从创新投入的角度对非国有企业有显著作用，而股票市场发展在投入和产出端都对非国有企业具有显著促进作用；④银行市场发展与高技术企业的创新投入显著正相关；⑤股票市场发展虽然对非高技术企业技术创新投入的促进作用更加显著，但就创新产出而言并无区别。

第七章　结论与政策建议

本章是全书的结论部分，首先，回顾全书的研究内容并总结出本书结论；其次，依据研究结论并结合实际情况提出相关的政策建议；最后，指出本书的研究不足之处，并在此基础上对未来研究方向进行展望。

第一节　研究结论

自 2015 年起，中国经济增速逐渐趋缓，由此引发的如何实现中国经济可持续增长问题获得了国内外学者的关注与研究。受新增长理论的影响，同时考虑到当前中国劳动力成本上升、后备土地资源不足、生态环境严重恶化等现实问题，越来越多的学者将研究的重点转向技术创新这一要素。然而，由于技术创新具有投入大、周期长、风险高等特性，投资者往往对其望而却步，这时就需要通过有效的金融安排和恰当的金融制度，鼓励投资主体的参与热情，缓解创新主体的融资困境，激发社会各界的创新潜能。因此，本书关于金融发展对技术创新影响的研究，对中国技术创新、金融改革及经济增长都具有一定的现实意义。

本书基于前人的研究成果，并结合中国建设世界科技强国的发展方向，对金融发展如何影响技术创新进行深入分析，最终得出以下结论：

第一，技术创新是一种充满高度不确定性的经济活动，但技术创新成功所带来的高额利润和垄断地位又会驱使企业家尝试开展技术创新。事实上，技术创新过程中所产生的融资约束、信息不对称、逆向选择等问题会对企业的技术创新行为带来挑战并降低其成功概率。而金融体系由于其具有多元化的金融工具、覆盖范围较广的金融机构和难以替代的金融功能，能够降低信息不对称程度、分散或转移技术创新风险、提高创新资本配置效率、优化企业治理水平，这是金融发展对技术创新产生影响的原理机制，也是本书的理论基础框架。

第二，对中国金融发展和技术创新进行了阶段划分。一方面，从我国金融发展历程来看，自1948年金融体系诞生至今，先后经历了计划经济时期的缓慢发展和改革开放以来的快速发展。本书对我国金融发展的五个阶段进行了梳理总结与特征性表述，整体而言，我国对金融的管制有所放松，金融创新化有所加强，金融自由化也获得深化。随着金融体系的不断发展和金融功能的不断完善，金融机构将更加重视对技术创新的金融支持，这对优化技术创新的融资环境有积极意义。另一方面，从我国技术创新发展历程来看，先后经历过外源型创新、本地化创新、内源型创新、全方位创新四个阶段，当然现实中这些状态可能是共存的。不难发现这些阶段存在一定的动态性与异质性，因此金融体系的作用也是存在一定差异的。在外源型创新阶段，企业主要是在引进国外先进技术的基础上进行改进，因此风险较为可控，但是融资需求规模大，此时金融规模的扩大会对其发挥更加明显的作用；本地化创新的主要特征是在市场导向下进行模仿创新，外部投资机构则需要判断企业的发展方向及未来前景，信息不对称程度加深，需要金融机构的参与来缓解；内源型创新通常指企业的原创和革新型技术，往往伴随着更高的不确定性，金融体系在提供资金支持的同时更需要分散风险；全方位创新则是在日新月异的世界格局中开展的创新，起着牵一发而动全身的影响，需要金融体系与技术创新主体更加协调灵活的配合。从技术创新的金融支持历史进程可以看出，金融发展对技术创新的影响是一个由浅入深、由简单到复杂、不断深化不断融合的动态过程。

第三，从跨国面板数据的实证结果来看，金融发展的确对技术创新起到了促进作用，且这种促进作用在OECD国家、低收入国家和1990年之后的样本中表现得更加显著。出现这种结果的原因在于，OECD国家更加注重彼此之间的开放交流与信息沟通，同时OECD国家的金融政策特别是财税政策具有更高的灵活度和有效性，这都会提高资源配置效率。此外，收入水平不同的国家所处的金融发展阶段和技术创新阶段也不一致。一般而言，收入水平较低的国家会侧重于模仿创新，此时金融规模的增加可以有效地促进技术创新，当经济水平发展到一定程度时，仅依靠金融规模扩张则无法进一步支持技术创新，而是需要金融结构的优化或者金融功能的提升。而随着信息技术的不断突破，生产活动对传统能源的依赖程度也会进一步降低，意味着各经济主体会对科技进步和新技术发明提出更高层次的要求，因此金融发展对技术创新的影响会随之产生较大改变。

第四，从市级面板数据的实证结果来看，中国地区技术创新的确存在空间相关性，而且是正空间自相关，经过空间异质性检验，发现中国城市间技术创新呈现出在东南沿海地区高—高集聚、在西北和西南地区低—低集聚的空间特征。在采用空间计量模型进行回归分析后，发现不仅技术创新存在空间关联性，金融发展的空间溢出效应也对各地区技术创新有空间影响。此外，通过空间效应分解，得到直接效应比间接效应更加显著的结论，说明金融发展与技术创新的空间影响主要是通过直接效应产生的，即本地区金融发展水平的提升对本地区技术创新的带动作用最为重要。

第五，从企业面板数据的实证结果来看，金融发展对技术创新的影响依然存在，但在具体细分领域存在差异。本部分将金融体系分为银行市场和股票市场，将技术创新分为投入端和产出端，此外还依据企业的所有权性质及是否属于高技术产业对样本企业进行分类，以便于精确考察不同金融安排对企业技创新行为的影响及效果。实证检验结果表明：①银行市场和股票市场均能够显著促进企业加大技术创新投入；②银行市场对非国有企业的技术创新投入促进作用更加显著，而股票市场则对非国有企业的投入端和产出端都具有显著的促进作用；③对于高技术产业而言，银行市场发展能够大幅度增加其创新投入；④对于非高技术产业而言，虽然股票市场能够促进其增加研发投入，但产出水平并没有显著高于高技术产业。

显而易见，企业层面的结论更加复杂多样，在进行决策时需要进行综合考虑。

第二节　政策建议

根据前文分析，金融发展对技术创新发挥作用的过程中主要涉及三方面主体：金融体系、技术创新企业和政府。其中，金融体系是资金供给方，在前期为技术创新企业提供资金和必要的金融服务并在后期获取收益；技术创新企业是资金需求方，在获得来自金融体系的资金后实现自身发展并将部分利润分配给金融体系；政府则在两者之间发挥宏观调控作用和微观引导作用，以促进金融支持作用的实现。

一、政府主体

政府作为"看得见的手"，在金融发展支持技术创新的过程中占据着重要位置。从宏观层面而言，政府需要为技术创新的金融支持创造良好的外部环境；从微观层面而言，则需要对各方参与主体进行鼓励和引导，以提升金融体系支持企业技术创新的效率。

（一）促进技术市场市场化运作

企业技术创新行为必须充分依托市场力量，这不仅是因为将创新成果转化为经济利润需要经过生产销售等一系列市场行为，更重要的是因为企业进行技术创新所需要的如人才、资本、技术等各种创新要素必须在市场机制的作用下完成配置。也就是说，市场的作用是完成对资源的基础配置，而政府的作用则是通过政策手段来调节市场。因此，政府的职能是在此基础上进一步推动要素市场的高效运行，并为企业技术创新营造出良好的外部环境。当前，我国技术市场发展较为滞后，因此需要在市场需求拉动的基础上增加政府的合理干预，推动微观创新活动的开展与完成。具体来说，政府应从以下四方面着手：一是完善技术市场价格机制与技术评估机制，为技术市场主体获取信息提供便利；二是提升技术中介服务水平，为技术交易提供良好的基础条件；三是完善知识产权保护和管理制度，激发企业的创新热情和活力；四是加强监管及预测，保证各类主体的公平竞争。

（二）搭建技术信息网络平台，完善区域性技术市场

政府需要进一步整合优化现有公共信息平台，加快制定技术信息收集、处理、发布的统一规则，将电子商务及前沿技术等引入技术市场的管理机构、服务机构、中介机构，提高其业务专业性与高效性，争取形成覆盖范围广、运行效率高、服务种类多样的技术信息系统网络。前文述及，当前我国的技术创新呈现出明显的区域聚集特征，因此政府要加快推动建设和完善各区域技术市场，努力在各个区域中形成独具特色的技术市场，以此提高该地区的技术创新活力，并以此为中心带动周边地区技术市场的互动。由于西北和西南地区主要呈现"低—低"聚集特征，下一阶段应该通过技术市场促进高质量技术及最新的技术创新成果向该地区转移；考虑到中部城市的技术创新地区异质性不显著，政府应该更加重视本地区与周边地区在创新要素及创新成果方面的交流与沟通，将政府、相关机构、企业一并纳入技术市场的服务体系中，在本地区及相邻地区间形成优势互补、风险共担、利益共享的要素流动网络，开发优质高效的互动模式，促进我国区域性技术市场充分发挥功能。

（三）减少政府对企业特别是国有企业的行政干预

经济体制改革之后，企业逐步在市场中占据主体地位，管理决策的独立性和生产经营的市场性大幅度增强。与此同时，政府职能也需要进行相应转变，来为进一步提高企业的自主性创造良好的外部环境。前文述及，国有企业的管理者为了追求业绩稳定和风险可控，往往会缺乏技术创新的热情及动力，这严重阻碍了国有企业技术创新水平的提升，也会降低企业整体的创新效率，第六章的实证检验也证实了这一点。因此，政府首先应该明确在技术创新活动中的定位，致力于改善资源要素市场及技术创新环境，减少对企业特别是国有企业技术创新活动中的不必要干预。其次，即使政府需要解决市场失灵等问题，也应当从改进研发管理机制、提高信息透明度等方面着手，尽可能地避免直接采取行政干预手段。再次，政府需要完善技术创新的相关法律法规，通过保护企业的合法权益和经济收益来增强企业创新的内在动力。最后，政府需要进一步推进国有企业的股份制改革，扩大民营资本和外资的股权份额，降低当前国有企业的垄断程度，提高市场竞争的公平性；也可以尝试减少对国有企业的政策倾斜，促使其通过技术创新来实现"自行造血"，增强企业的核心竞争力。

（四）充分发挥政策引导和行为示范对企业的带动作用

上述三点均是致力于在宏观层面营造出适合企业技术创新的良好的外部环境，除此之外，政府还可以直接利用引导机制对微观主体技术创新的金融支持提升其意愿。进一步地，可以将其分为政策引导和行为示范。政策引导方面，政府可以通过出台财政政策、金融政策、税收政策等措施来引导微观主体的行为。一方面，对商业银行、资本市场等资金供给方实施税收优惠、税收返还等政策可以降低其资金成本，从而加大其提供给技术创新企业的资金投入；另一方面，对技术创新企业实施贴息、担保费用补贴等政策可以降低其融资成本，从而扩大其融资需求。行为示范方面，政府可以通过政策性银行或相关部门，直接进入商业银行等金融机构较为抵触的高风险领域，带头为该领域内的技术创新活动提供资金支持和风险管理等专业服务，以此带动相关金融机构进入该市场，同时政府也可以弥补缺位，治理市场失灵现象。

二、商业银行

当前，我国金融体系以银行为主导，资本市场发展较为滞后，商业银行在技术创新活动的金融支持过程中起着至关重要的作用。因此，如何构建并完善商业银行的业务与结构成为营造出适合技术创新的良好金融环境的关键环节。

（一）建立健全不同层次的商业银行体系

为了降低商业银行内部的信息重复选择成本及彼此的信息不对称程度，应该优化银行业结构促使其与开展技术创新活动的企业规模相匹配。具体可以从如下三个方面入手：第一，国有商业银行和政策性银行应当将大型国有企业的技术创新项目和大型高科技企业视为主要客户。一方面，国有银行的抗风险能力较强，与大型技术创新项目的高风险相匹配；另一方面，国有银行的资产规模雄厚，可以为高端技术或者高科技产业提供大额贷款，推动我国前沿技术的发展。第二，股份制银行和城市商业银行以高科技中小企业为主，向其提供技术创新专项贷款。如果中小商业银行受规模所限缺乏从事高科技中小企业创新贷款的意愿和能力，则政府可以视情况为其提供融资担保以达成双方的合作。第三，由于大部分技术创新企业均为中小企业，所以仅有股份制银行和城市商业银行的支持不足以解决这些企业的融资问题，可以在大型国有商业银行中设立专门针对该群体的服务部门，以扩大对中小技术创新企业的贷款规模、提高金融服务水平、改善其融资环境。此外，这些大型商业银行也可以在技术创新集聚程度较高的东部地区设立专门的科技支行，实现规模效应；而在呈现出"低—低"聚集的西北和西南地区则可以通过设立专项计划来提高银行机构对技术创新活动的支持意愿。

（二）大力创新金融机构和金融产品

虽然国有银行的资金实力雄厚，具备较高的抗风险能力，但也由于专业监管和风险控制的原因而无法为技术创新企业提供有力的资金支持，而股份制银行和城市商业银行也会因为风险承受能力不足、专业性不够、信息成本较高等原因无法充分发挥其支持技术创新的作用。因此，专门针对技术创新的金融机构和金融产品应运而生，成为可以直接为企业提供技术创新支持的有力金融工具。

科技银行是在提供技术创新贷款方面最具代表性的金融机构，是一种新型的商业银行模式，其主要职能是为高科技企业、创新型企业等提供金融服务，本质是专业化的商业银行而非政策性银行。与传统商业银行注重"流动性、安全性、效益性"的贷款原则相比，科技银行更重视借助风险投资来构建风险管理架构，从而实现收益与风险的匹配，同时放宽了对贷款企业财务指标的要求，也允许抵押、质押知识产权和商标权等。当前我国科技银行的主流模式是科技支行和科技小额贷款公司，科技支行是指由总行提供充足的资本金，通过所属支行与当地科技部门的合作将金融资本与创新要素相结合，可以提高贷款安全性。但由于科技支行不具有独立法人资格，无法实现自主经营、自负盈亏，因此自由度受到很大限制。严格来看，科技小额贷款公司不能被称之为银行机构，只是类银行机构，其优点在于该主体是独立的法人，因此贷款决策较为自由灵活，然而缺点也较为明显：一是其可以突破目前分业监管体制，也不受类似银行总行部门的监管，因此规范程度无法保证；二是科技小额贷款公司的资本来源是注册资本、股东借款、同业拆借，并不吸收存款，因此会要求贷款企业更高的资本回报率。而成立于2012年的浦发硅谷银行带来法人科技银行这一全新的科技银行模式，其定位是为不同发展阶段的科技创新企业提供全新的金融服务和银行体验，利用投贷联动的方式为企业提供金融支持并控制银行信贷风险，是我国创新金融机构的一次有益尝试。

在支持技术创新的金融产品方面，最具代表性的创新成果是知识产权质押贷款，针对资产受限但知识资本较为充足的科技型中小企业，知识产权质押贷款可以有效缓解其融资困境，因此受到了广大科技型中小企业的青睐。

（三）推动商业银行与风险资本的合作交流

根据前文对商业银行和资本市场在信息处理、风险分散方面的比较分析，发现应该推动两者的合作交流，在降低综合信息成本的同时实现风险可控的资金配置。商业银行与资本市场的合作方式可以大致分为两类：一种是横向合作，即两者同时向技术创新企业提供一定比例的资金；另一种是纵向合作，指先由资本市场上的风险投资机构向技术创新企业提供全部的资金支持，在此基础上银行按照约定比例为风险投资机构提供贷款。无论是哪种合作方式，其目的都是利用资本市场的多元化信息处理机制降低商业银行的信息成本和信息不对称程度，而资本市场上的金融机构也可以利用商业银行的贷款资金分散转移投资风险，实现双赢。

三、资本市场

资本市场的资金配置功能、风险分散功能和价值发现功能能够通过股权、债券等金融工具和衍生工具得到发挥，同时能够将众多风险偏好不同、预期收益不同的投资者们联系起来，在其可承受的范围内分担部分风险，从而增强整个社会的风险承担能力，并为参与技术创新活动的企业提供资金支持。当前，我国多层次的资本市场尚未完善，国内风险资本市场也没有获得充足发展，使在支持技术创新方面受到诸多限制，无法充分发挥市场的基础性作用。因此需要推动资本市场的发展与完善。

资本市场作为长期资金市场，可以从以下几个方面进行分类和说明：如果以金融工具的基本性质分类，资本市场可分为股权市场及债券市场，前者是指股票市场，后者则是指债券市场；如果以交易方式分类，资本市场可以分为场内市场和场外市场；按照市场范围来看，可将资本市场分为全国性市场和区域性市场；从投资机构来看，资本市场包括各类风险基金、私募基金、对冲基金、养老基金等。可以看出，资本市场的参与者数量众多、类型多样、层次复杂，因此需要帮助不同层次类型的投资者与不同阶段特征的企业相匹配，从而更有效率地促进其技术创新。

（一）完善多层次的资本市场

从 20 世纪 90 年代发展至今，我国资本市场已由场内市场和场外市场两部分构成。其中，场内市场的主板（含中小板）、创业板（俗称二板）和场外市场的全国中小企业股份转让系统（俗称新三板）、区域性股权交易市场、证券公司主导的柜台市场共同组成了我国的多层次资本市场体系。主板市场在持续改革下已经能够较好地服务于大型高科技企业，但如果要更好地满足大型企业的技术创新融资需求，还需要对相关交易制度进行完善和改进。中小板和创业板发展时间较短，其定位是为成熟期和发展期的高科技中小企业提供资金支持，更加重视被投资企业的科技含量和发展前景。新三板市场则是为全国性非上市股份企业提供了一个股权交易平台，主要是针对众多中小微型企业，由于新三板市场是支持高新技术产业的政策落实的一次积极探索，因此政府部门对此给予了充分重视。证监会曾在 2019 年就宣布从优化发行融资制度、完善市场分层等五方面进行全面改革，又在 2020 年 4 月公布了公募基金投资新三板指引细则，进一步激发了市场流动性。资本市场作为我国金融市场的主要组成部分，其包含的每一个细分市场之间必须形成有机联系，不能被割裂，这样才能够使资金流通顺畅高效，增强技术创新企业融资链条的完整性。

（二）加快发展风险资本市场

风险资本市场是多层次资本市场的一个重要组成部分，虽然在我国发展速度很快并已经具备了一定规模，但仍然存在很多不足，需要对其发现机制和筛选机制进行完善以促进技术创新。具体来说，一是可以在中国金融整体战略中增加着重发展风险资本这一项，从制度创新和管理模式上推动其稳定发展；二是将发展风险资本纳入我国创新体系和高新技术产业发展战略范畴中，通过相关的产业政策对风险资本进行引导；三是对风险资本采取更加积极的财税政策；四是将社会中的私人风险资本与政府公共风险资本相结合，加强风险控制；五是通过发展私募基金来推动风险资本与技术创新之间的良性互动，实现风险资本的可持续发展；六是积极培养金融专业人才，为风险资本的长远发展做好人才储备工作。

第三节　未来展望

　　技术创新是一国保持经济持续增长的内在动力及重要源泉，而金融则是现代市场经济的核心，因此运行良好的金融体系已逐渐成为技术创新的有力支撑。加强金融发展与技术创新之间的有机联系，是增强自主创新能力、提高核心竞争力、加速转变经济发展方式的重要保证，也是促进两者自身发展的重要动力。当前我国正处于由具有重要影响力的科技大国迈向世界科技强国的关键时期，需要全国科技界和社会各界的共同努力，才能够实现从量的积累向质的飞跃。因此，加强金融发展对技术创新的支持是一项紧迫且重要的任务，需要对此进行更加深入而全面的系统研究。基于此，今后的研究重点应集中在以下三个方面：

　　一是理论方面，进一步完善金融发展对技术创新的作用机制研究，在明确商业银行及股票市场等传统金融安排对技术创新的作用机理的基础上尝试对保险、基金等金融安排对技术创新的影响渠道进行分析，概括总结不同金融安排在支持技术创新方面的异同。

　　二是实证方面，在完善创新金融发展和技术创新的衡量指标和测度方法的基础上，寻找科学合理的中介指标，借助该中介指标更加精准地对金融发展作用于技术创新的渠道和效果做出检验。

　　三是实践方面，由于金融发展对技术创新的促进作用更多地体现在与技术创新联系紧密的金融产品创新、金融业务创新和金融机构创新等方面，因此需要更主动地观察了解不同金融安排的优势、不足、重复领域及范围盲区等，从创新金融安排和彼此合作的角度考察促进金融发展支持技术创新的金融工具和金融机构的设计及实施问题。

参考文献

［1］ Acharya V, Xu Z. Financial dependence and innovation: The case of public versus private firms ［J］ . Journal of Financial Economics, 2017 (124): 223-243.

［2］ Aghion P, Howitt P, Mayer-Foulkes D. The effect of financial development on convergence: Theory and evidence ［J］ . The Quarterly Journal of Economics, 2005, 120 (1): 173-222.

［3］ Aghion P, Van Reenen, L Zingales. Innovation and institutional ownership ［J］ . American Economic Review, 2013, 103 (1): 277-304.

［4］ Alexandra, Braga, Vitor, et al. Factors influencing innovation decision making in Portuguese firms ［J］ . International Journal of Innovation and Learning, 2013 (14): 329-349.

［5］ Allen F, Gale D M. Asset Price Bubbles and stock market Interlinkages ［J］ . Center for Financial Institutions Working Papers, 2002, 56 (4): 1165-1175.

［6］ Allen F, Gale D. Financial contagion ［J］ . Journal of Political Economy, 2000, 108 (1): 1-33.

［7］ Allen F. Stock markets and resource allocation ［A］ //Mayer C, Viver X. Capital markets and financial intermediation ［C］ . Cambridge: Cambridge University Press, 1993.

[8] Amore M D, Schneider C, Zaldokas A. Credit supply and corporate innovation [J] . Journal of Financial Economics, 2013, 109 (3): 835-855.

[9] Ang, B. J. Innovation and financial liberalization [J] . Journal of Banking & Finance, 2014 (47): 214-229.

[10] Angelini P, Cetorelli N. Bank Competition and Regulatory Reform: The Case of the Italian Banking Industry [Z] . 2000.

[11] Arizala F, Cavallo E, Galindo A. Financial development and TFP growth: Cross-country and industry-level evidence [J] . Applied Financial Economics, 2013, 23 (6): 433-448.

[12] Ayyagari M, Demirguc-Kunt A, Maksimovic V. Firm innovation in emerging markets: The role of finance, governance, and competition [J] . Journal of Financial and Quantitative Analysis, 2011, 46 (6): 1545-1580.

[13] Allen F, Santomero A M. What do financial intermediaries do [J] . Journal of Banking & Finance, 2001, 25 (2): 271-294.

[14] A B Jaffe. Real effects of academic research [J] . The American Economic Review, 1989 (5): 957-970.

[15] Bagehot W. A Description of the Money Market [M] . London: Henry King Publishers, 1873.

[16] Beck T, Demirguc-Kunt A, Levine R. A new database on financial development and structure [Z] . 1999.

[17] Beck T, Levine R. Industry growth and capital allocation: Does having a market-or bank-based system matter? [J] . Journal of financial economics, 2002, 64 (2): 147-180.

[18] Bencivenga V R, Smith B D. Financial intermediation and economic growth [J] . Review of Economic Studies, 1991, 58 (2): 195-209.

[19] Benfratello L, Schiantarelli F, Sembenelli A. Banks and innovation: Microeconometric evidence on Italian firms [J]. Journal of Financial Economics, 2008, 90 (2): 197-217.

[20] Berg G, Fuchs M. Bank financing of SMEs in five Sub-Saharan African countries: The role of competition, innovation, and the government [Z]. 2013.

[21] Berger A N, Udell G F. Small business credit availability and relationship lending: The importance of bank organisational structure [J]. The Economic Journal, 2002, 112 (477): F32-F53.

[22] Bertoni F, Colombo M G, Grilli L. Venture capital investor type and the growth mode of new technology – based firms [J]. Small Business Economics, 2013, 40 (3): 527-552.

[23] Bertoni F, Tykvová T. Which form of venture capital is most supportive of innovation? [Z]. 2012.

[24] Binh K B, Park S Y, Shin S. Financial structure and industrial growth: A direct evidence from OECD countries [J]. Retrieved on June, 2005 (23): 2009.

[25] Bircan C, De Haas R. The Limits of Lending: Banks and Technology Adoption Across Russia [J]. Review of Financial Studies, 2020, 33 (2): 536-609.

[26] Black B S, Gilson R J. Does venture capital require an active stock market? [J]. Journal of Applied Corporate Finance, 1999, 11 (4): 36-48.

[27] Boot A W A, Thakor A V. Banking Scope and Financial Innovation [J]. Review of Financial Studies, 1997, 10 (4): 1099-1131.

[28] Boot A W A, Thakor A V. Can Relationship banking survive competition? [J]. The Journal of Finance, 2000, 55 (2): 679-713.

[29] Boyd J H, Prescott E C. Financial intermediary-coalitions [J]. Journal

of Economic Theory, 1985, 38 (2): 211-232.

[30] Brown J R, Martinsson G, Petersen B C. Stock markets, credit markets, and technology-led growth [J]. Journal of Financial Intermediation, 2017, 23 (c): 45-59.

[31] Brealey R., Leland H. E., Pyle D. H. Informational asymmetries, financial structure, and financial intermediation [J]. The Journal of Finance, 1977, 32 (2): 371-387.

[32] Carlin W, Mayer C. Finance, investment, and growth [J]. Journal of financial Economics, 2003, 69 (1): 191-226.

[33] Cetorelli N, Gambera M. Banking Market Structure, Financial Dependence and Growth: International Evidence from Industry Data [J]. Journal of Finance, 2001, 56 (2): 617-648.

[34] Choi S B, Lee S H, Williams C. Ownership and firm innovation in a transition economy: Evidence from China [J]. Research Policy, 2011, 40 (3): 441-452.

[35] Coad A, Pellegrino G, Savona M. Don't Stop Me Now: Barriers to Innovation and Firm Productivity [EB/OL]. [2022 - 01 - 01]. http://ideas. repec. org/p/sru/ssewps/2014-04. html.

[36] Datta B, Dixon H. Technological change, entry, and stock-market dynamics: An analysis of transition in a monopolistic industry [J]. American Economic Review, 2002, 92 (2): 231-235.

[37] Demirguc-Kunt A, Levine R. Finance, financial sector policies, and long-run growth [Z]. The World Bank, 2008.

[38] Dewatripont M, Maskin E. Credit and efficiency in centralized and decentralized economies [J]. The Review of Economic Studies, 1995, 62 (4): 541-555.

[39] Diamond D W, Dybvig P H. Bank runs, deposit insurance, and liquidity [J]. Journal of political economy, 1983, 91 (3): 401-419.

[40] Diamond D W. Financial intermediation and delegated monitoring [J]. Review of Economic Studies, 1984 (3): 393-414.

[41] Diamond P A. The Role of a stock market in a general equilibrium model with technological uncertainty [J]. Uncertainty in Economics, 1967, 57 (4): 759-776.

[42] Dow, James, Gary Gorton. Stock market efficiency and economic efficiency: Is there a connection? [J]. Journal of Finance, 1997, 52 (3): 1087-1129.

[43] Engel D, Keilbach M. Firm-level implications of early stage venture capital investment—An empirical investigation [J], Journal of Empirical Finance, 2007, 14 (2): 150-167.

[44] Fang V W, Tian X, Tice S. Does stock liquidity enhance or Impede firm innovation? [J]. Journal of Finance, 2014, 69 (5): 2085-2125.

[45] Freel M S. Where are the skills gaps in innovative small firms? [J]. International Journal of Entrepreneurial Behavior & Research, 1999, 5 (3): 144-154.

[46] Freeman C, Clark J, Soete L. Unemployment and technical innovation [J]. Journal of Economic Issues, 1982.

[47] Galbis Vicente. Financial intermediation and economic growth in Less-developed countries: A theoretical approach [J]. Journal of Development Studies, 1977 (13): 58-72.

[48] Gerschenkron A. Economic backwardness in historical perspective: A book of essays [M]. Cambridge, Massachusetts: Belkncp Press of Harvard University Press, 1962.

[49] Gilles Saint-Paul. Technological choice, financial markets and economic

development ［J］. European Economic Review, 1992, 36 (4): 763-781.

［50］ Goldsmith R W. Financial structure and development ［R］.1969.

［51］ Greenwood J, Jovanovic B. Financial development, growth, and the distribution of income ［J］. Journal of Political Economy, 1990 (98): 1076-1107.

［52］ Greenwood J, Smith B D. Financial markets in development, and the development of financial markets ［J］. Journal of Economic Dynamics and Control, 1997 (21).

［53］ Griffith, Rachel, Harrison, Rupert, Van Reenen, John. How special is the special relationship? Using the impact of U S R&D spillovers on U K firms as a test of technology sourcing ［J］. American Economic Review, 2006, 96 (5): 1859-1875.

［54］ Griliches Z. Issues in assessing the contribution of research and development to productivity growth ［J］. Bell Journal of Economics, 1979 (1): 92-116.

［55］ Gurley J G, Shaw E S. Financial aspects of economic development ［J］. American Economic Review, 1955, 45 (4): 515-538.

［56］ Gurley J G, Shaw E S. Financial intermediaries and the saving-investment process ［J］. Journal of Finance, 2012, 11 (2): 257-276.

［57］ Hellmann T, Puri M. The interaction between product market and financing strategy: The role of venture capital ［J］. The Review of Financial Studies, 2000, 13 (4): 959-984.

［58］ Hellwig M. European financial integration: Banking, financial intermediation and corporate finance ［M］. London: Cambridge University Press, 1991.

［59］ Herrera A M, Minetti R. Informed finance and technological change: Evidence from credit relationships ［J］. Journal of Financial Economics, 2007, 83 (1): 223-269.

［60］ Himmerlfarb C, Petersen B. R&D and Internal Finance - a panel study of small firms in high-technology industries [J] . Review of Economics and Statistics, 1994 (76): 38-51.

[61] Hsu P H, Tian X, Xu Y. Financial development and innovation: Cross-country evidence [J] . Journal of Financial Economics, 2014, 112 (1): 116-135.

[62] Hsu P, Tian X, Xu Y. Financial development and innovation: Cross-country evidence [J] . Journal of Financial Economics, 2014, 112 (1): 116-135.

[63] J T C, Chen Z. Venture capitalists versus angels: The dynamics of private firm financing contracts [J] . Social Science Electronic Publishing. , 2002, 3 (1-2): 419-423.

[64] Jerzmanowski M, Nabar M. The welfare consequences of irrational exuberance: Stock market booms, research investment, and productivity [J] . Journal of Macroeconomics, 2008, 30 (1): 111-133.

[65] Kapur B K. Optimal financial and foreign-exchange liberalization of less developed economies [J] . Quarterly Journal of Economics, 1983 (1): 1.

[66] Kapur, Basant K. Alternative stabilization policies for less-developed economies [J] . Journal of Political Economy, 1976, 84: 777-795.

[67] Keuschnigg C. Venture capital backed growth [J] . Journal of Economic Growth, 2004, 9 (2): 239-261.

[68] Kim W, Weisbach M S. Motivations for public equity offers: An international perspective [J] . Journal of Financial Economics, 2008, 87 (2): 281-307.

[69] King R G, Levine R. Finance and growth: schumpeter might be right [J] . Policy Research Working Paper, 1993, 108 (3): 717-737.

[70] King R G, Levine R. Finance, entrepreneurship and growth [J]. Journal of Monetary Economics, 1993, 32 (3): 513-542.

［71］ Kortum S, Lerner J. Does venture capital spur innovation? ［A］//Entrepreneurial inputs and outcomes: New studies of entrepreneurship in the United States ［M］. Emerald Group Publishing Limited, 2001.

［72］ Laeven L, Valencia F. The use of blanket guarantees in banking crises ［J］. Journal of International Money and Finance, 2012, 31 (5): 1220-1248.

［73］ Levine R. Capital control liberalization and stock market development ［J］. Policy Research Working Paper, 1996, 26 (7): 1169-1183.

［74］ Levine R. Financial development and economic growth: views and agenda ［J］. Social Science Electronic Publishing, 1997, 35 (2): 688-726.

［75］ Lorenz E. Do credit constrained firms in africa innovate less? A study based on nine african nations ［Z］. 2015.

［76］ Macey J R, Miller G P. Universal banks are not the answer to america's corporate governance "problem": A look at Germany, Japan, and the US ［J］. Journal of Applied Corporate Finance, 1997, 9 (4): 57-73.

［77］ Mantel S J, Mansfield E, Rapoport J, et al. Research and innovation in the modern corporation ［J］. Technology & Culture, 1971, 14 (4): 663.

［78］ Martinsson G. Equity financing and innovation: Is Europe different from the United States? ［J］. Journal of Banking & Finance, 2010, 34 (6): 1215-1224.

［79］ Masako U, Masayuki H. Venture Capital and Industrial "Innovation" ［Z］. 2008.

［80］ Mathieson D J. Financial reform and stabilization policy in a developing economy ［J］. Journal of Development Economics, 1980, 7 (3): 359-395.

［81］ Mathieson, Donald J. Financial reform and capital flows in a developing economy ［J］. International Monetary Fund Staff Papers, 1979, 26 (3): 450-489.

［82］Mckinnon R I. Money and capital in economic development ［J］. American Political Science Review, 1973, 68 (4): 1822-1824.

［83］Merton R C, Bodie Z. A conceptual framework for analyzing the financial system ［A］//Crane, D. B. et al. The global financial system: A functional perspective ［M］. Boston: Harvard Business School Press, 1995.

［84］Morck R, Nakamura M. Banks and Corporate Control in Japan ［J］. Journal of Finance, 1999, 54 (1): 319-339.

［85］Michalopoulos S, Lueven L, Levine R. Financial innovation and endogenous growth ［J］. Discussion Papers Series, Department of Economics, Tufts University, 2010.

［86］Nanda R, Nicholas T. Did bank distress stifle innovation during the Great Depression? ［J］. Social Science Electronic Publishing, 2014, 114 (2): 273-292.

［87］Orman, Cuneyt. Organization of innovation and capital markets ［J］. North American Journal of Economics & Finance, 2015 (33): 94-114.

［88］O' Brien J P. The capital structure implications of pursuing a strategy of innovation ［J］. Strategic Management Journal, 2003, 24 (5): 414-415.

［89］Rajan R G, Zingales L. Financial dependence and growth ［J］. American Economic Review, 1998, 88 (3): 559-586.

［90］Robinson J. The generalization of the general theory ［Z］. The Rate of Interest and other Essays, 1952.

［91］Ross, Levine. Stock markets, growth, and tax policy ［J］. The Journal of Finance, 1991.

［92］Scott, McCarthy, Barry, et al. Bank financing and credit rationing of Australian SMEs ［J］. Australian Journal of Management, 2017, 42 (1): 58-85.

［93］Seru, Amit. Firm boundaries matter: Evidence from conglomerates and

R&D activity [J] . Journal of Financial Economics, 2014, 111 (2): 381-405.

[94] Sheng X, Zhao S. Financial development, government ownership of banks and firm innovation [J] . Journal of International Money and Finace, 2012, 31 (4): 880-906.

[95] Stiglitz J E. Credit markets and the control of capital [J] . Journal of Money, Credit and Banking, 1985, 17 (2): 133-152.

[96] Timmons J A, Bygrave W D. Venture capital's role in financing innovation for economic growth [J] . Journal of Business Venturing, 1986, 1 (2): 161-176.

[97] Veugelers R, Schweiger H. Innovation policies in transition countries: One size fits all? [J] . Economic Change & Restructuring, 2016, 49 (2-3): 241-267.

[98] Weil D N, Basu S. Appropriate technology and growth [J] . Quarterly Journal of Economics, 1998, 113 (4): 1025-1054.

[99] Weinstein D E, Yafeh Y. On the costs of a bank-centered financial system: Evidence from the changing main bank relations in japan [J] . The Journal of Finance, 1998, 53 (2): 635-672.

[100] Willfort R, Weber C. The crowdpower 2.0 concept: An integrated approach to innovation that goes beyond crowdfunding [M] . Berlin: Springer International Publishing, 2016.

[101] Winton A, Yerramilli V. Entrepreneurial finance: Banks versus venture capital [J] . Journal of Financial Economics, 2008, 88 (1): 51-79.

[102] 爱德华·S. 肖. 经济发展中的金融深化 [M] . 上海: 三联书店, 上海分店, 1988.

[103] 安树军. 中国经济增长质量的创新驱动机制研究 [D] . 西安: 西北大学博士学位论文, 2019.

［104］白钦先．金融结构、金融功能演进与金融发展理论的研究历程［J］．经济评论，2005（3）：7.

［105］白钦先．再论金融可持续发展［J］．中国金融，1998（7）：19-20.

［106］白钦先．建立面向 21 世纪的金融可持续发展观［J］．城市金融论坛，1998（8）：2-10.

［107］曹霞，张路蓬．金融支持对技术创新的直接影响及空间溢出效应——基于中国 2003—2013 年省际空间面板杜宾模型［J］．管理评论，2017，29（7）：36-45.

［108］戴静，张建华．金融所有制歧视、所有制结构与创新产出——来自中国地区工业部门的证据［J］．金融研究，2013（5）：86-98.

［109］戴伟，张雪芳．金融发展、金融市场化与实体经济资本配置效率［J］．审计与经济研究，2017，32（1）：117-127.

［110］戴小勇，成力为．研发投入强度对企业绩效影响的门槛效应研究［J］．科学学研究，2013，31（11）：1708-1716+1735.

［111］丁涛，胡汉辉．金融支持科技创新国际比较及路径设计［J］．软科学，2009，23（3）：50-54.

［112］杜金岷，吕寒，张仁寿，吴非．企业 R&D 投入的创新产出、约束条件与校正路径［J］．南方经济，2017（11）：18-36.

［113］方希桦，包群，赖明勇．国际技术溢出：基于进口传导机制的实证研究［J］．中国软科学，2004（7）：58-64.

［114］傅家骥．技术创新经济学［M］．北京：清华大学出版社，2000.

［115］高小龙，杨建昌．开放经济下金融集聚对技术创新的影响［J］．首都经济贸易大学学报，2017（1）：25-33.

［116］龚明华．当代金融发展理论：演进及前沿［J］．国际金融研究，2004（4）：4-11.

［117］郝晓敏．信贷配给、金融发展水平与企业创新［D］．武汉：华中农业大学硕士学位论文，2018.

［118］黄国平，孔欣欣．金融促进科技创新政策和制度分析［J］．中国软科学，2009（2）：28-37.

［119］黄达．中国的金融改革及其前景［J］．宏观经济研究，1998（12）：5.

［120］姬广林．中国金融发展对技术创新影响的实证分析［D］．长春：吉林大学博士学位论文，2017.

［121］解维敏，方红星．金融发展、融资约束与企业研发投入［J］．金融研究，2011（5）：175-187.

［122］康艳玲，黄国良，陈克兢．高管特征对研发投入的影响——基于高技术产业的实证分析［J］．科技进步与对策，2011，28（8）：147-151.

［123］孔祥毅．金融协调的若干理论问题［J］．经济学动态，2003（10）：36-38.

［124］黎文靖，郑曼妮．实质性创新还是策略性创新？——宏观产业政策对微观企业创新的影响［J］．经济研究，2016（4）：60-73.

［125］李后建，张宗益．金融发展、知识产权保护与技术创新效率——金融市场化的作用［J］．科研管理，2014，35（12）：160-167.

［126］李健，卫平．民间金融和全要素生产率增长［J］．南开经济研究，2015，85（5）：76-93.

［127］李松涛，董樑，余筱箭．浅议技术创新模式与金融体系模式的相互关系［J］．软科学，2002（3）：5-7.

［128］李月．中国金融发展与经济增长的关系研究［D］．长春：吉林大学博士学位论文，2014.

［129］李志宏，王娜，马倩．基于空间计量的区域间创新行为知识溢出分析［J］．科研管理，2013，34（6）：9-16.

[130] 李文贵，余明桂．民营化企业的股权结构与企业创新［J］．管理世界，2015（4）：112-125.

[131] 梁莱歆，金杨，赵娜．基于企业生命周期的 R&D 投入与企业绩效关系研究——来自上市公司经验数据［J］．科学学与科学技术管理，2010，31（12）：11-17+35.

[132] 林小玲，张凯．技术创新的金融支持研究综述［J］．首都经济贸易大学学报，2018，20（5）：10-17.

[133] 刘贯春．金融资产配置与企业研发创新："挤出"还是"挤入"［J］．统计研究，2017，34（7）：49-61.

[134] 刘焕鹏．金融发展对技术深化影响的门槛效应研究［D］．重庆：重庆大学博士学位论文，2015.

[135] 刘易斯．经济增长理论［M］．周师铭，等译．北京：商务印书馆，1983.

[136] 芦锋，韩尚容．我国科技金融对科技创新的影响研究——基于面板模型的分析［J］．中国软科学，2015（6）：139-147.

[137] 马微，惠宁．金融结构对技术创新的影响效应及其区域差异研究［J］．经济科学，2018（2）：75-87.

[138] 麦均洪．支撑高新技术产业发展的科技金融研究［D］．广州：华南理工大学博士学位论文，2014.

[139] 彭兴韵．金融发展的路径依赖与金融自由化［M］．上海：上海三联书店，上海人民出版社，2002.

[140] 漆光瑛等．国家干预的艺术——凯恩斯主义经济学的沿革［M］．北京：当代中国出版社，2002.

[141] 钱雪松．融资约束、资产抵押与企业投资［J］．金融经济学研究，2008，23（2）：91-97.

[142] 青木昌彦．政府在东亚经济发展中的作用［M］．北京：中国经济

出版社，1998.

[143] 儒勇．金融发展理论与中国金融发展［M］．北京：中国经济出版社，2000.

[144] 沈红波，寇宏，张川．金融发展、融资约束与企业投资的实证研究［J］．中国工业经济，2010（6）：55-64.

[145] 沈丽萍．风险投资对中小企业自主创新的影响——基于创业板的经验数据［J］．证券市场导报，2015（1）：59-64.

[146] 孙立梅，高硕．我国金融发展对技术创新效率作用的实证［J］．统计与决策，2015（8）：110-113.

[147] 孙伍琴，朱顺林．金融发展促进技术创新的效率研究——基于Malmuquist指数的分析［J］．统计研究，2008（3）：48-52.

[148] 孙伍琴．论不同金融结构对技术创新的影响［J］．经济地理，2004（2）：182-186.

[149] 孙伟祖．金融产业演进与金融发展：基础理论的构建及延伸［M］．北京：中国金融出版社，2006.

[150] 童藤．金融创新与科技创新的耦合研究［D］．武汉：武汉理工大学博士学位论文，2013.

[151] 王海燕，张钢．国家创新系统理论研究的回顾与展望［J］．经济学动态，2000（11）：66-71.

[152] 王淑娟，叶蜀君，解方圆．金融发展、金融创新与高新技术企业自主创新能力——基于中国省际面板数据的实证分析［J］．软科学，2018，32（3）：10-15.

[153] 王子君．技术创新与经济增长［M］．北京：中央广播电视大学出版社，2004.

[154] 杨大楷，邵同尧．风险投资中的创新度量：指标、缺陷及最新进展［J］．经济问题探索，2010（7）：62-66.

[155] 杨勇，袁卓．技术创新与新创企业生产率——来自 VC/PE 支持企业的证据［J］．管理工程学报，2014，28（1）：56-64.

[156] 姚雪松，凌江怀．金融发展对技术进步的影响——基于中国省际面板数据的实证研究［J］．金融理论与实践，2017（5）：88-93.

[157] 易信，刘凤良．金融发展与产业结构转型——理论及基于跨国面板数据的实证研究［J］．数量经济技术经济研究，2018，35（6）：21-39.

[158] 易信，刘凤良．金融发展、技术创新与产业结构转型——多部门内生增长理论分析框架［J］．管理世界，2015（10）：24-39+90.

[159] 殷剑峰．金融结构与经济增长［M］．北京：人民出版社，2006.

[160] 尹恒，柳荻．理解 R&D 投入回报之谜：引入不确定性、非线性和企业异质性［J］．财经研究，2016，42（9）：121-132.

[161] 姚勇．当代金融理论何处去：反思与展望——兼评金融可持续发展理论［J］．国际金融研究，1999（8）：18-23.

[162] 张成思，朱越腾，芦哲．对外开放对金融发展的抑制效应之谜［J］．金融研究，2013（6）：16-30.

[163] 张杰，刘志彪．金融结构对技术创新与产业结构影响研究评述［J］．经济学动态，2007（4）：115-119.

[164] 张军，金煜．中国的金融深化和生产率关系的再检测：1987—2001［J］．经济研究，2005（11）：34-45.

[165] 张林．金融发展、科技创新与实体经济增长——基于空间计量的实证研究［J］．金融经济学研究，2016，31（1）：14-25.

[166] 张玉喜，赵丽丽．中国科技金融投入对科技创新的作用效果——基于静态和动态面板数据模型的实证研究［J］．科学学研究，2015，33（2）：177-184+214.

[167] 张志强．金融发展、研发创新与区域技术深化［J］．经济评论，2012（3）：82-92.

［168］钟腾，汪昌云．金融发展与企业创新产出——基于不同融资模式对比视角［J］．金融研究，2017（12）：127-142.

［169］周少甫，龙威．房价、金融发展对技术创新的影响［J］．工业技术经济，2020，39（1）：33-40.

［170］周黎安，罗凯．企业规模与创新：来自中国省级水平的经验证据［J］．经济学（季刊），2005（2）：623-638.

［171］朱欢．我国金融发展对企业技术创新作用效果的实证分析［J］．科技管理研究，2010，30（14）：26-30.

［172］朱欢．中国金融发展对企业技术创新的效应研究［D］．徐州：中国矿业大学博士学位论文，2012.

［173］朱有为，徐康宁．中国高技术产业研发效率的实证研究［J］．中国工业经济，2006（11）：38-45.

附　录

样本国家汇总

地区	国家名称
亚洲	印度（India）、印度尼西亚（Indonesia）、土耳其（Turkey）、斯里兰卡（Sri Lanka）、新加坡（Singapore）、日本（Japan）、朝鲜（North Korea）、泰国（Thailand）、菲律宾（Philippines）、马来西亚（Malaysia）
欧洲	丹麦（Denmark）、冰岛（The Republic of Iceland）、匈牙利（Hungary）、奥地利（Austria）、希腊（Hellenic）、德国（Germany）、意大利（Italy）、挪威（Norway）、比利时（Belgium）、法国（France）、波兰（Poland）、爱尔兰（Ireland）、瑞典（Sweden）、瑞士（Switzerland）、罗马尼亚（Romania）、芬兰（Finland）、英国（The United Kingdom）、荷兰（Netherlands）、葡萄牙（Portugal）、西班牙（Spain）
北美洲	加拿大（Canada）、危地马拉（Guatemala）、哥斯达黎加（Costa Rica）、墨西哥（Mexico）、尼加拉瓜（Nicaragua）、巴拿马（Panama）、洪都拉斯（Honduras）、美国（United States）、萨尔瓦多（Salvador）
南美洲	乌拉圭（Uruguay）、厄瓜多尔（Ecuador）、哥伦比亚（Colombia）、委内瑞拉（Venezuela）、巴拉圭（Paraguay）、巴西（Brazil）、智利（Chile）、玻利维亚（Bolivia）、秘鲁（Peru）、阿根廷（Argentina）
非洲	南非（South Africa）、埃及（Egypt）、尼日利亚（Nigeria）、摩洛哥（Morocco）、毛里求斯（Mauritius）、津巴布韦（Zimbabwe）、突尼斯（Tunisia）、肯尼亚（Kenya）、赞比亚（Zambia）、阿尔及利亚（Algeria）
大洋洲	新西兰（New Zealand）、澳大利亚（Australia）